Timo Schöber

Wissenschaftliches Arbeiten im E-Sport

Timo Schöber

Wissenschaftliches Arbeiten im E-Sport

Übersicht, Nutzen, Beispielpaper, Quellenarbeit

(Google, ResearchGate, Nomos, Wikipedia)

ISBN Softcover: 978-3-347-96376-4
ISBN E-Book: 978-3-347-96377-1

Druck und Distribution im Auftrag :tredition GmbH, An der Strusbek 10, 22926 Ahrensburg, Germany

Inhalt

Vorwort

Der elektronische Sport, E-Sport genannt, wächst seit Jahren exponentiell. Damit verbunden ist ein zunehmendes Interesse unterschiedlicher Wissenschaftsdisziplinen am Thema. Zu nennen sind hier etwa die Sport-, Wirtschafts-, Sozial-, Rechts-, Geistes- und Medizinwissenschaften. E-Sport ist interdisziplinär in seinen Forschungs- und Lehrmöglichkeiten, was das Phänomen unheimlich interessant für Forschung und Studien macht.

Der andere große Vorteil, der es aus Forschersicht lohnend macht, sich mit E-Sport zu befassen, ist der Fakt, dass das Spielfeld noch relativ unbespielt ist. Es gibt viele Chancen zu Grundlagenforschung und neue Erkenntnisse, die auch übertragbar auf Lebenswelten außerhalb des E-Sports sind.

Daher soll diese Übersicht, primär bestehend aus einem Beispielpaper, aufzeigen, warum es sich lohnt, wissenschaftlich im Bereich E-Sport aktiv zu sein.

Themenfindung

Studenten kontaktieren mich häufig, weil sie Interesse an einer Thesis oder einer Studienarbeit zum Thema E-Sport haben. Dabei ist eine sehr oft gestellte Frage, ob ich Themenvorschläge habe und wie interessant diese als Forschungsgegenstand wären.

Daher seien an dieser Stelle einige Themenkomplexe erwähnt, die noch (Stand Juni 2023) viele Potenziale für Forschungsarbeiten bieten:

- Betrachtung einzelner Stakeholder im ökonomischen System des E-Sports sowie Wechselwirkungen zu anderen Stakeholdern
- Nutzen und Notwendigkeit von Verbänden im E-Sport – sinnvoll oder obsolet?
- Definitorische Fragestellungen zum E-Sport, insbesondere hinsichtlich der Sport- und Gemeinnützigkeitsdebatten
- E-Sport als Tool im HR-Bereich, insbesondere in den Schwerpunkten Employer Branding, Recruiting und Personalentwicklung
- Einsatz von E-Sport im pädagogischen Kontext an weiterführenden Schulen

- Europäisches System oder amerikanisches Franchise-System: Die Zukunft von E-Sport Wettbewerben
- Betrachtungen zu Doping, Cheating und Matchfixing im E-Sport
- E-Sport und Glücksspiel: Von Lootboxen und Wetten
- Physiologische Betrachtungen zum E-Sport, insbesondere zu Spielern während eines Wettbewerbs
- E-Sport als Teil des Gaming und damit des Spiels als Grundphänomen des Menschen

Grundsätzlich sind mehrere Faktoren wichtig, wenn man sich wissenschaftlich einer Themenfindung nähern möchte:

- Ist das Thema relevant für die E-Sport-Szene?
- Ist das Thema übertragbar auf andere Szenen und Phänomene?
- Ist das Thema von aktuellem Interesse?
- Existieren zum Thema genügend Quellen?
- Sind die Ergebnisse des Themas messbar?
- Englische oder deutsche Sprache: Prüfen, ob und welche Journals für eine Veröffentlichung infrage kommen.
- Macht mir die Arbeit am Thema Spaß?

- Gibt es Professoren / Prüfer, die Interesse am Thema haben und mich begleiten?
- „Darf" ich das Thema an meiner Fakultät schreiben?

Aufbau und Grobskizze

Eine Forschungsarbeit zum E-Sport unterscheidet sich nicht groß von Forschungsarbeiten in anderen Bereichen. Es gibt Einleitendes, ein Forschungsmodell, einen theoretischen Teil, die Empirie, eine Einordnung der Empirie sowie eine daraus ableitbare Zusammenfassung der Ergebnisse. Vor allem bei eher qualitativ gestrickten Forschungsansätzen kann dies leicht variieren.

Daher empfehle ich den folgenden Aufbau:

- Abstract
- Contents
- Introduction
- Theoretischer Teil
- Empirischer Teil
- Conclusions
- References
- Appendix

Persönlich bin ich ein Freund von kumulativen Dissertationen, wenn man sich für den Weg einer Promotion entscheidet, da diese im Gegensatz zu Monographien mehr Vielfalt und Abwechslung bieten.

Quellenarbeit

Studenten sind sich häufig nicht sicher, welche Quellen genutzt werden sollten und welche nicht. Grundsätzlich existieren gute Ressourcen für die Quellenarbeit und weniger gute. Empfehlenswert sind unter anderem:

- Google Scholar
- ResearchGate
- Nomos
- Hochschulbibliotheken
- Worldcat
- Karlsruher Virtueller Katalog
- Statista

In diesen Datenbanken finden sich in aller Regel verlässliche Publikationen, die wiederum hinsichtlich der in ihnen genutzten Quellen betrachtet werden können.

In Sachen E-Sport spezifischer Datenbanken sind darüber hinaus zu empfehlen:

- Liquipedia (bitte immer doppelt prüfen)
- Esports Earnings
- Fokus eSports (game Verband)
- Nielsen Sports

Die Datenlage zum E-Sport ist noch recht überschaubar, allerdings existieren bei den genannten Quellen relativ gute und gesicherte Datenlagen.

Ein Thema taucht bei Diskussionen mit Studenten bzgl. zulässiger Quellen immer wieder auf: Wikipedia.

Dabei sind Studenten in aller Regel erstaunt, dass ich Wikipedia als Quelle ablehne und auch selbst nur in Forschungsarbeiten nutze, wenn etwa ein Co-Autor dies explizit möchte. Warum ich Wikipedia ablehne, kann ich sehr gut an einem Selbstexperiment verdeutlichen. Wikipedia arbeitet nämlich subjektiv, unwissenschaftlich und in weiten Teilen willkürlich.

Das kann man auch gut an meiner Person festmachen. Hier gibt es immer wieder Versuche durch Dritte einen Artikel zu meiner Person bei Wikipedia zu veröffentlichen. Wikipedia arbeitet mit Relevanzkriterien, deren Erreichung notwendig ist, um einen Artikel zu rechtfertigen. Die Relevanzkriterien sind dabei in der Erstellung und auch Auslegung durch Admins willkürlich in der Entwicklung und Umsetzung. Nichtsdestotrotz erfülle ich die Relevanzkriterien gleich mehrfach. Was auch ein Grund sein dürfte, dass es mehrfach Versuche gegeben hat, einen Artikel zu meiner Person bei Wikipedia zu platzieren. Aufgrund meiner kritischen

Haltung zu vielerlei Themen, etwa Verbänden, Saudi-Arabien und der ESL, existieren gleichzeitig viele Menschen, die dies verhindern möchte.

Persönlich wollte ich nie einen Artikel bei der Wikipedia. Ich habe die Plattform aufgrund der ihr innewohnenden Mechanismen immer abgelehnt und es wäre wenig stringent dann gleichzeitig einen Artikel dort zu wollen. So habe ich Wikipedia bereits u.a. 2012 und 2018 mitgeteilt, dass sie Artikel und Diskussionen zu meiner Person unterbinden mögen. Denn, wenn ein Artikel erstellt oder gelöscht werden soll, kann es zu ausufernden Löschdiskussionen und -prüfungen kommen.

Da es immer wieder zu solchen Ereignissen meine Person betreffend gekommen ist, die ich selbst zwar direkt nicht mitbekomme, auf die ich aber durch Forschungskollegen hingewiesen worden bin, habe ich letztmalig im Jahr 2022 um Sperrung gebeten. Im Nachfolgenden werde ich daher an meinem eigenen Beispiel verdeutlichen, wie Wikipedia arbeitet und warum die Plattform aus Forschungsperspektive abzulehnen ist. Daher empfehle ich auch Studenten auf Wikipedia als Quelle zu verzichten. Schließlich weiß man nie genau, wie es zu bestimmten Artikelinhalten und Formulierungen gekommen ist. Personenbezogene Daten sind aus datenschutzrechtlichen Gründen geschwärzt.

Letztmalige Bitte um Sperrung durch meine Person:

> 27.01.2022 11:58 (Europe/Berlin) - timo@schoeber.net schrieb:
>
> >
> > Liebes Team der Wikipedia,
> >
> > erst einmal: Hut ab vor eurem ehrenamtlichen Engagement. Das
> > verdient Anerkennung.
> >
> > Allerdings muss ich feststellen, dass meine Person betreffend immer
> > wieder Debatten (Löschdiskussionen) auf eurer Plattform erfolgen.
> > Leider kann ich dies nicht steuern, da dies auf meine
> > Öffentlichkeitsarbeit im E-Sport zurückzuführen sein dürfte, die
> > sich oft auch mit kritischen Themen befasst.
> > Vorab möchte ich festhalten: Ich brauche und möchte keinen Artikel
> > über mich bei Wikipedia. Die Löschdiskussionen sind mir zugegangen
> > und wenn bereits dort auf einem polemischen und unsachlichen Niveau
> > diskutiert wird, dann möchte ich mir gar nicht ausmalen, wie der
> > Artikel aussähe. Ich bin darüber hinaus erstaunt, dass selbst Admins
> > in diesen Diskussionen Behauptungen aufstellen, die mit einer
> > einfachen Google- oder DNB-Suche als falsch geklärt wären, etwa,
> > dass meine Bücher fast alle eBooks wären. Alle Bücher von mir sind
> > ausnahmslos auch als Printversion veröffentlicht.
> >
> > Darüber hinaus bin ich erstaunt, zu welchen Zeitpunkten diese
> > Diskussionen gestartet werden. Stets kurz vor der Veröffentlichung
> > von neuen Büchern meinerseits. Würde ich diese Löschdiskussionen
> > führen, dann würde ich doch bis zur Veröffentlichung warten, damit
> > die entsprechenden Bücher als relevant gelten, und nicht jedes Mal
> > 3-4 Tage vorher damit beginnen. Hier scheinen sich gezielt Personen
> > zusammenzuschließen und bewusst unsachlich zu argumentieren.
> > Das dürfte vor allem meiner Kritik am ESBD-Verband geschuldet sein,
> > vermute ich.

> > Da mich inzwischen vermehrt Anfragen hierzu von Forscherkollegen
> > erreicht haben, möchte ich darauf hinweisen, dass diese Diskussionen
> > bewusst rufschädigend sind. Daher die Bitte entsprechende
> > Diskussionen meine Person betreffend als auch jede Möglichkeit der
> > Artikelanlage dauerhaft zu sperren.
> > Nochmal: Ich möchte keinen Artikel bei Wikipedia. Das wird sich auch
> > nicht ändern. Was ich aber auch nicht möchte sind Diskussionen meine
> > Person betreffend, die offensichtlich ganz bewusst polarisierend
> > gestaltet werden – und die Admins gehen dabei sogar mit und
> > durchschauen das Spiel nicht. Das ist schade. Das ist beispielsweise
> > auch an der Argumentation der „Gegner" abzulesen, etwa, wenn
> > behauptet wird, dass meine Bücher 36 Seiten dick seien und 7 Autoren
> > hätten. Da sind einfach zwei Ausreißer miteinander kombiniert
> > worden, die nicht einmal etwas miteinander zu tun haben. Anderes Beispiel:
> > Eine Person behauptet, ich würde meine Bücher zwecks der Erreichung
> > der Relevanzkriterien willkürlich an Hochschulbibliotheken schicken.
> > Die Admins glauben das dann einfach, anstatt eine Prüfung vorzunehmen.
> > Meine Bücher werden von Hochschulen angeworben, weil vermehrt
> > Studierende über das Thema E-Sport schreiben.
> >
> > Würden meine Studierenden so argumentieren, dann würde ich das
> > Hochschulsystem infrage stellen.
> >
> > Da ich befürchte, dass es über kurz oder lang zu einem Artikel
> > kommen könnte, habe ich mir eure Relevanzkriterien angeschaut. Ich
> > bräuchte als Autor demnach vier Sachbuchveröffentlichungen als
> > Hauptautor in einem regulären Verlag.
> > Klein- und Selfpublishingverlage zählen mit, wenn die Bücher in 5+
> > Hochschulbibliotheken zu finden sind. Diese Kriterien (über)erfülle
> > ich
> > bereits:

> > Bücher in einem regulären Verlag als Hauptautor (5 Bücher)
> >
> > Esportpedia: Athleten im E-Sport - Meyer & Meyer Verlag (ISBN:
> > 978-3840377587)
> >
> > Esportpedia: E-Sport auf Landesebene - Meyer & Meyer Verlag (ISBN:
> > 978-3840377594)
> >
> > Esportpedia: Breitensport im E-Sport - Meyer & Meyer Verlag (ISBN:
> > 978-3840377846)
> >
> > E-Sport Radar - Meyer & Meyer Verlag (ISBN: 978-3840377631)
> >
> > Zero2Hero: Der Weg zum E-Sport Profi - HEEL Verlag (ISBN:
> > 978-3966641845)
> >
> > Meine Rolle bei der Esportpedia kann hier nachgelesen werden:
> > [1]https://esportpedia.de/gruender/
> >
> > Bei diesem Buch bin ich nur Nebenautor: E-Sport und Journalismus -
> > Meyer & Meyer Verlag (ISBN: 978-3840377853)
> >
> > Bücher in einem Klein- oder Selfpublishingverlag als Hauptautor mit
> > Hochschulverbreitung (5 Bücher)
> >
> > Bildschirm-Athleten (ISBN: 978-3752830774) -
> > [2]https://www.worldcat.org/title/bildschirm-athleten-das-phanomen-e
> > -s ports/oclc/1187317442&referer=brief_results
> >
> > eSports Mosaik (ISBN: 978-3940989390) -
> > [3]https://www.worldcat.org/title/esports-mosaik-einfuhrung-in-die-v
> > ie
> > lfaltigen-aspekte-des-esports/oclc/1262016626&referer=brief_results
> >
> > eSports Mosaik 2 (ISBN: 978-3940989468) -
> > [4]https://opac.k10plus.de/DB=2.299/SET=1/PRS=HOL/SHW?FRST=15&COOKIE
> > =U
> > s998,Pbszgast,I2017,B20728+,SY,NRecherche-DB,D2.299,E35d6f8cc-2,A,H,
> > R1
> > 29.13.130.211,FY

> > eSports in Gesellschaft und Politik (ISBN: 978-3940989413) -
> > [5]https://www.worldcat.org/title/esports-in-gesellschaft-und-politi
> > k-
> > vom-sportbegriff-ber-vorurteile-bis-zum-verbandswesen/oclc/116463326
> > 9&
> > referer=brief_results
> >
> > eSports Leitfaden 2020 (ISBN: 978-3940989406) -
> > [6]https://www.worldcat.org/title/esports-leitfaden-2020-grundlagenw
> > is sen-fur-jedermann/oclc/1199698293&referer=brief_results
> >
> > Summe: 10 relevanzstiftende Bücher.
> >
> > Rezensionen zu einzelnen Büchern lassen sich einfach über Google
> > finden, beispielsweise folgend:
> > [7]https://www.praevention.at/news/news-detail/buch-des-monats.
> > Einige Bücher sind beispielsweise auch beim Bundesinstitut für
> > Sportwissenschaften vorrätig.
> >
> >
> > Ihr seht, dass meine Befürchtung, dass es durch Trolle irgendwann zu
> > einem Artikel kommt, nicht unbegründet ist. Zumal ich weiterhin
> > Veröffentlichungen tätigen werde. Da Admins die Richtigkeit von
> > Tatsachen offenbar nicht oder nur unzureichend überprüfen, bleibt
> > darüber hinaus die Befürchtung, dass ein entsprechender Artikel
> > fehlerhaft und rufschädigend wäre.
> >
> > Daher meine Frage: Was kann ich tun, damit Löschdiskussionen als
> > auch die Artikelerstellung zukünftig permanent gesperrt sind?
> >
> > Vielen Dank für eure Zeit und Mühe,
> >
> > Timo (Schöber)

Folgend der E-Mail Verkehr mit Wikipedia:

> -----Ursprüngliche Nachricht-----
> Von: Wikimedia-Support-Team <info-de@wikimedia.org>
> Gesendet: Donnerstag, 27. Januar 2022 12:23
> An: timo@schoeber.net
> Cc: Timo Schoeber <mailtimoschoeber@gmail.com>
> Betreff: Re: [Ticket#2022012710005704] Wikipedia x Timo Schöber
>
> Guten Tag Herr Schöber,
>
> die Löschprüfung ist mittlerweile abgeschlossen (und wird demnächst
> archiviert), der Artikel bleibt gelöscht.
>
> Dass die Diskussion derart ausgeufert ist, ist nicht zuletzt ihren "Fans"
> und der Tatsache geschuldet, dass immer wieder aufs Neue
> Löschprüfungen initiiert werden - es drängt sich der Eindruck auf,
> dass Sie selbst es sind, der das betreibt - oder dass Sie diese
> Kampagnen jedenfalls steuern. Ohne massive Einwirkung von außen würde
> Wikipedia sich jedenfalls nicht mit Ihrer Person beschäftigen.
>
> Mit freundlichen Grüßen
>
>
> Wikimedia-Support-Team
> https://wikimedia.org/
>

27.01.2022 13:36 (Europe/Berlin) - timo@schoeber.net schrieb:

> Hallo Herr
>
> vielen Dank für Ihre zügige Reaktion und die Beantwortung meiner E-Mail.
>
> Ich versichere Ihnen, dass ich da nichts steuere, ansonsten hätte ich
> diese Anfrage (E-Mail) nicht gestellt. Durch meine Reichweite und die
> Lehre an Hochschulen existieren einfach viele Menschen, mit denen ich
> im E-Sport-Kontext zu tun habe - und gerade meine verbandskritische
> Haltung scheint eher Auslöser dieser Löschanfragen zu sein, nicht von
> "Fans" (sowas habe ich gar nicht), sondern eher von "Gegnern".
>
> Meine Befürchtung ist, dass es durch die bereits bestehende Erfüllung
> der Relevanzkriterien zu immer neuen Diskussionen zu Schadzwecken mich
> betreffend kommt, wenn ich wieder veröffentliche. Gerade in der
> Esportpedia wird es jährlich zu neuen Büchern kommen. Daher würde ich
> Löschdiskussionen und einen Artikel meine Person betreffend gerne
> permanent sperren. Ist dies technisch umsetzbar, etwa durch eine
> Sperrung der Kombination "Timo Schöber"?
>
> Vielen Dank und beste Grüße,
> Timo Schöber

Re: [Ticket#2022012710005704] AW: Wikipedia x Timo Schöber

Wikimedia-Support-Team
An timo@schoeber.net
Cc Timo Schöber
27.01.2022

Wir haben zusätzliche Zeilenumbrüche aus dieser Nachricht entfernt.

Guten Tag Herr Schöber,

das Lemma ist ja bereits gesperrt - das führt ja gerade dazu, dass immer wieder der Weg in die Löschprüfung gegangen wird. Dagegen lässt sich in einem offenen Projekt wie Wikipedia nichts machen (bzw., was immer man da machen würde, würde wieder dazu führen, dass das an anderer Stelle thematisiert wird und dann dort Aufmerksamkeit auf sich zieht).

Mit freundlichen Grüßen

Wikimedia-Support-Team
https://wikimedia.org/

Es wird deutlich, dass Wikipedia weniger an der Sache interessiert ist, sondern vielmehr daran, wem welcher Wikipedia-Account gehört oder vorher Anfragen kommen. Das entspricht nicht der Arbeitsweise einer klassischen Enzyklopädie. Da ich Wissenschaftler bin und meine Haltung zur Wikipedia für dieses Buch verdeutlicht wissen wollte, habe ich also mal genau hingeschaut.

Da ich Sachbücher schreibe, ist für mich der folgende Teil der Relevanzkriterien der Wikipedia maßgeblich:

„wenn sie ein Standardwerk verfasst haben, das in reputablen externen Quellen als solches bezeichnet wird oder
wenn sie mindestens zwei Monografien (im formalen, bibliothekswissenschaftlichen Sinne) der Belletristik/Schönen Literatur oder vier nicht-belletristische Monografien

(beispielsweise Sachbücher) als Hauptautoren bei einem regulären Verlag veröffentlicht haben.
Bücher, die im Selbst-, Pseudo- oder Druckkostenzuschuss-Verlag erschienen sind (siehe auch Wikipedia:Pseudoverlage), werden hierbei ausnahmsweise mitgezählt, wenn
sich angemessene Verbreitung in wissenschaftlichen Bibliotheken nachweisen lässt (eine „angemessene Verbreitung" sind fünf Standorte der Werke in mindestens zwei regionalen Verbundsystemen – die Pflichtstandorte in den National- und Landesbibliotheken gelten dabei nicht),
sie in besonderer Weise öffentlich wahrgenommen werden (beispielsweise Rezensionen in renommierten überregionalen Zeitungen) oder
es sich um einen anerkannten wissenschaftlichen Verlag mit redaktioneller Auswahl handelt."[1]

In den Diskussionen sind folgende Behauptungen gegen meine Veröffentlichungen angestellt worden, teilweise sogar von Admins selbst oder von diesen ungeprüft als „wahr" für das Ergebnis der Diskussionen übernommen:

- Alle Bücher von mir seien eBooks
- Das Buch Zero2Hero sei ein Bilderbuch
- Quasi alle Accounts, die „pro Artikel zu Timo Schöber" argumentiert haben, seien ich selbst oder Freunde von mir

---

[1] Vgl. https://de.wikipedia.org/wiki/Wikipedia:Relevanzkriterien#Autoren [20.06.2023].

- Ich würde Bücher gezielt massenhaft an Hochschulbibliotheken verschicken, um in die Wikipedia zu kommen
- Flying Kiwi Media sei ein Pseudoverlag
- Meine Bücher hätten teilweise 7 Autoren und nur 36 Seiten
- Ich sei kein Hauptautor der Bücher, die ich nicht alleine geschrieben habe

Das als Auszüge, ich habe ehrlicherweise lange nicht alles gelesen, weil man als wissenschaftlich arbeitender Mensch quasi kontinuierlich ins Kopfschütteln gerät.

Spannend wird es, wenn man sich die „Gegenargumente" einmal im Detail anschaut.

Korrekt ist nämlich:

- Alle Bücher von mir sind als Print- und als E-Book-Version erhältlich
- Das Buch Zero2Hero hat einen Fokus auf Jugendliche und daher Bilder im Buch. Allerdings besteht das Buch zu ca. 90% aus Text.
- Ich habe keinen Wikipedia-Account
- Ich habe meine Bücher (aber lange nicht alle) nur drei Hochschulen geschenkt: Universität Augsburg, Europa-Universität Viadrina und Europa-Universität Flensburg. Augsburg, um die dort gegründete Forschungsstelle für E-Sport Recht zu würdigen, der Viadrina, weil ich dort promoviert worden bin und Flensburg, weil dies meine Heimatstadt ist. Allerdings

befinden sich Bücher von mir in mehr als 70 Hochschulbibliotheken auf allen fünf Kontinenten. Das bedeutet, dass von den Hochschulen, in denen sich Bücher von mir befinden, nicht einmal 5% die Bücher als Geschenk erhalten haben. Im Gegenteil: Mehr als 95% haben die Bücher direkt oder indirekt angeworben.

- Flying Kiwi Media ist zwar ein kleiner Verlag, aber ein regulärer Verlag.
- Das Buch, das 7 Autoren hat (Breitensport im E-Sport) hat 204 Seiten. 36 Seiten hat ein E-Sport Leitfaden, den ich als E-Book kostenlos anbiete und der im Print Geld kostet und dessen Erlöse an den eSports Nord e.V. gehen. Man hat also als „Gegenargument" unzulässigerweise eine Relation hergestellt, die nicht existiert. Man hat einfach gezielt den Maximalwert und den Minimalwert zusammengeworfen.
- Mit Ausnahme von „Journalismus im E-Sport" und „Marketing im E-Sport" bin ich bei allen von mir veröffentlichten Büchern entweder alleiniger oder aber ernstgenannter Autor – und somit Hauptautor. Bei allen Büchern, ausnahmslos, habe ich zusätzlich Aufgaben der Projektleitung und der Herausgeberschaft übernommen.

Ich wäre aber kein Wissenschaftler, wenn ich die Relevanz anhand der Relevanzkriterien an dieser Stelle nicht nachweisen würde.

Zur Wiederholung, bei Wikipedia heißt es:

- Man muss Hauptautor sein

- Man braucht mindestens vier veröffentlichte Sachbücher
- Sachbücher in Pseudoverlagen gelten nur, wenn sie in mindestens fünf wissenschaftlichen Bibliotheken gelistet/verfügbar sind

Da behauptet worden ist, ich hätte massenhaft Bücher an Bibliotheken verschickt, um in die Wikipedia zu kommen (Anmerkung: Das finde ich schon sehr anmaßend, wenn eine Plattform so von sich denkt), habe ich einfach mal geprüft, wo Bücher von mir gelistet sind und die Hochschulen für dieses Buch angefragt, woher sie die Bücher haben. Folgend finden sich die Ergebnisse (aus Datenschutzgründen sind Namen und persönliche Angaben sowie Detailangaben geschwärzt).

Es sei darüber hinaus erwähnt, dass lange nicht alle angeschriebenen Hochschulen bis zur Veröffentlichung dieses Buches geantwortet haben und ebenso, dass ich lange nicht alle Hochschulen angeschrieben habe, die Bücher von mir vorrätig haben. Da außerdem der Vorwurf der Wikipedia im Raum stand, ich hätte Bücher an internationale Hochschulen geschickt, um in die Wikipedia zu kommen, habe ich nur deutsche Hochschulen angeschrieben, um auch direkt diesen Vorwurf zu entkräften. Schließlich besteht kein Bedarf dies zu tun, wenn deutsche Hochschulen ohnehin anwerben.

Universität Bayreuth:

auskunft.ub@uni-bayreuth.de
An mailtimoschoeber@gmail.com
Do 15.06

Sehr geehrter Herr Dr. Schöber,

bitte entschuldigen Sie die verzögerte Rückmeldung: wir haben den Titel „E-Sport Radar" für unseren Bestand gekauft.

Mit freundlichen Grüßen

Auskunftsteam UB Bayreuth
Tel: 0921/55

Universitätsbibliothek Bayreuth
Universitätsstraße 30
95447 Bayreuth

www.ub.uni-bayreuth.de

TU Darmstadt:

AW: **EXTERN** E-Sport Bücher

ULB GeSoWiss <gesowiss@ulb.tu-dar
An mailtimoschoeber@gmail.com
05.06.2023

Sehr geehrter Herr Schöber,

vielen Dank für Ihre Anfrage.
Der Titel „Bildschirm-Athleten" wurde als Anschaffungswunsch, d.h. auf Vorschlag eines unserer Nutzer hin gekauft.
Den Titel „Athleten im E-Sport" haben wir im Rahmen eines E-Book-Paketes vom Verlag zum Thema Sportwissenschaft lizensiert.
Ich hoffe diese Informationen helfen Ihnen weiter.

Mit freundlichen Grüßen

Universitäts- und Landesbibliothek Darmstadt
Fachteam Geistes- und Sozialwissenschaften
S1|20 Raum 310
Magdalenenstraße 8
64289 Darmstadt
Tel.: 06151/16

Universität Dortmund (angefragt: E-Sport Radar):

#INC232041 - wurde geschlossen

SD service.ub@tu-dortmund.de
An mailtimoschoeber@gmail.com
05.06.2023

Klicken Sie hier, um Bilder herunterzuladen. Um den Datenschutz zu erhöhen, hat Outlook den automatischen Download von Bildern in dieser Nachricht verhindert.

Lösung:

Sehr geehrter Herr Schöber,

wir arbeiten mit einem digitalen bibliothekarischen Erwerbungssystem, in dessen Zuge auch Ihre Publikation zu uns gefunden hat.

Ich wünsche Ihnen viel Erfolg für Ihre weitere Arbeti.

Mit freundlichen Grüßen

Fachreferat Erziehungswissenschaft, Geographie, Psychologie, Rehabilitationswissenschaften, Soziologie und Sport

--

Technische Universität Dortmund

Universitätsbibliothek

Vogelpothsweg 76

44227 Dortmund

Tel.: +49 231-75

https://orcid.org/0000-0001-6545-6103

Universität Erlangen-Nürnberg:

WG: E-Sport Bücher

MV Mueller, Volker <volker.mueller@fau.de
An mailtimoschoeber@gmail.com
05.06.2023

Von: Schöber, Dr. Timo <mailtimoschoeber@gmail.com>
Gesendet: Samstag, 3. Juni 2023 16:22
An: UB Direktion <ub-direktion@fau.de>
Betreff: E-Sport Bücher

Sehr geehrte Damen und Herren,

ich freue mich sehr, dass Sie Publikationen von mir in Ihrer Hochschul-Bibliothek vorrätig halten. Das Thema E-Sport wird zunehmend relevant und es ist sehr positiv zu werten, dass Ihre Hochschule Studierenden mittels solcher Quellen ermöglicht, Studien-, Bachelor-, Master- und Doktorarbeit zu dem Thema zu schreiben.

Für eine Analyse meinerseits zur Publikationsverbreitung würde ich Sie, wenn möglich, um folgende Information bitten, damit ich besser einordnen kann, wie Hochschulen im Allgemeinen an solche Werke gelangen und wie ich ggf. unterstützen kann, um die Quellenlage weiter zu verbessen.

Auf welchem Wege sind die folgenden Publikationen zu Ihnen gelangt (Anwerbung, Ankauf, Schenkung, etc.)?

- Bildschirm-Athleten
- E-Sport Radar
- Breitensport im E-Sport
- Athleten im E-Sport
- E-Sport auf Landesebene
- eSports Mosaik Einführung in die vielfältigen Aspekte des eSports
- eSports Leitfaden 2020

Für Ihre Unterstützung bedanke ich mich im Voraus und wünsche allen Studierenden viel Erfolg bei ihren Arbeiten.

Beste Grüße,
Timo Schöber

WG: E-Sport Bücher

MV ■■■■■■■■■■@fau.de
An mailtimoschoeber@gmail.com 05.06.2023

Sehr geehrter Herr Dr. Schöber,

ausgelöst wurden unsere Käufe zu e-sports durch eine Anfrage seitens der Studierenden, gemäß: „Haben wir auch eigentlich Bücher zu ..."
Daraufhin haben wir eine Grundausstattung von bislang 14 Titeln gekauft, die auch leidlich zirkulieren.

Wir erwerben die Bücher ausschließlich durch Kauf im ausgewählten Buchhandel. Zuvor beobachten wir die Neuerscheinungen renommierter Verlage, analysieren unseren Umsatz und reagieren auf Nutzer- und Forschungsbedarfe.

Rein vorsorglich bitte ich, von aggressiver Werbung seitens Autoren oder Verlagen dringend Abstand zu nehmen.

Mit freundlichen Grüßen

■■■■■■
(Fachreferent Sport)

Universität Frankfurt (Main) (angefragt: Bildschirm-Athleten):

Re: [Ticket#2023060510000472] E-Sport Bücher

BF bsp@ub.uni-frankfurt.de

An Schöber, Dr . Timo

06.06.2023

Sehr geehrte*r Timo Schöber,
vielen Dank für Ihre Nachricht. Das Buch hat ein Mitarbeiter aus dem Institut für Sportwissenschaften der Goethe-Uni zum Kauf vorgeschlagen. Aufmerksam wurde er über einen Newsletter, den ein Kollege in der Bibliothek für Sportwissenschaften zusammengestellt hat, allerdings bieten wir diesen Service nicht mehr an. Das Buch haben wir on demand bei einem unserer Lieferanten bestellt. Helfen Ihnen diese Informationen weiter?

Freundliche Grüße

- --

Bibliothek Sozialwissenschaften und Psychologie - BSP -
Theodor - W. - Adorno - Platz 6, Gebäude PEG, Hauspostfach 2
60323 Frankfurt am Main
Mail: bsp@ub.uni-frankfurt.de
--

Fernuniversität Hagen:

Von: Schöber, Dr. Timo <mailtimoschoeber@gmail.com>
Gesendet: Samstag, 3. Juni 2023 19:56
An: UB, Info
Betreff: [Extern] E-Sport Bücher

Sehr geehrte Damen und Herren,

ich freue mich sehr, dass Sie Publikationen von mir in Ihrer Hochschul-Bibliothek vorrätig halten. Das Thema E-Sport wird zunehmend relevant und es ist sehr positiv zu werten, dass Ihre Hochschule Studierenden mittels solcher Quellen ermöglicht, Studien-, Bachelor-, Master- und Doktorarbeit zu dem Thema zu schreiben.

Für eine Analyse meinerseits zur Publikationsverbreitung würde ich Sie, wenn möglich, um folgende Information bitten, damit ich besser einordnen kann, wie Hochschulen im Allgemeinen an solche Werke gelangen und wie ich ggf. unterstützen kann, um die Quellenlage weiter zu verbessen.

Auf welchem Wege sind die folgenden Publikationen zu Ihnen gelangt (Anwerbung, Ankauf, Schenkung, etc.)?

- E-Sport Radar
- E-Sport Radar 2

Für Ihre Unterstützung bedanke ich mich im Voraus und wünsche allen Studierenden viel Erfolg bei ihren Arbeiten.

Beste Grüße,
Timo Schöber

Re: WG: E-Sport Bücher

RM @fernu

An timo@schoeber.net; mailtimoschoeber@gmail.com 06.06.2023

Wenn Probleme mit der Darstellungsweise dieser Nachricht bestehen, klicken Sie hier, um sie im Webbrowser anzuzeigen.

Sehr geehrter Herr Schoeber,

vielen Dank für Ihre Anfrage. Das Werk ist aus Konsortialmittel des Landes NRW beschafft worden. Wir haben es automatisch erhalten und keine direkte Beschafftung veranlasst.

Viele Grüße aus Hagen,

--

Dipl. Phys. & Wiss. Dok.
Fachreferent Informatik, Elektrotechnik, Technik, Naturwissenschaft
Universitätsbibliothek
FernUniversität in Hagen
Universitätsstr. 23
58097 Hagen
eMail @fernuni-hagen.de
URL: https://www.fernuni-hagen.de/bibliothek/
Tel.: 02331-987
Fax: 02331-987

Universität Halle:

Schöber, Dr. Timo

Von:	[redacted]@bibliothek.uni-halle.de>
Gesendet:	Montag, 5. Juni 2023 09:34
An:	mailtimoschoeber@gmail.com
Betreff:	Wg: Fwd: [Ticket#2023060430000114] E-Sport Bücher

Sehr geehrter Herr Schöber,

Ihre Nachricht wurde zuständigkeitshalber an mich weitergeleitet. Als Fachreferent für Sport obligt mir u.a. die Zuständigkeit für die Literaturauswahl. Die Erwerbung erfolgt in der Regel durch Kauf.

Mit freundlichen Grüßen

Dipl. Geogr. [redacted] M.A. (LIS)
Martin-Luther-Universitaet Halle-Wittenberg
Universitaets- und Landesbibliothek Sachsen-Anhalt
Fachreferent für Geowissenschaften, Agrar- und Ernährungswissenschaften, Sport, Technik und Allgemeine Naturwissenschaften
Leitung der Kartensammlung
RVK-Koordination
Tel: 0345[redacted]
E-Mail: [redacted]@bibliothek.uni-halle.de

---- Weitergeleitete Nachricht von "Schöber, Dr . Timo" <mailtimoschoeber@gmail.com> ---

> Von: "Schöber, Dr . Timo" <mailtimoschoeber@gmail.com>
> An: auskunft@bibliothek.uni-halle.de
> Betreff: E-Sport Bücher
> Datum: 04.06.2023 06:50:44
>
> Sehr geehrte Damen und Herren,
>
> ich freue mich sehr, dass Sie Publikationen von mir in Ihrer Hochschul-Bibliothek vorrätig halten. Das Thema E-Sport wird zunehmend relevant und es ist sehr positiv zu werten, dass Ihre Hochschule Studierenden mittels solcher Quellen ermöglicht, Studien-, Bachelor-, Master- und Doktorarbeit zu dem Thema zu schreiben.
>
> Für eine Analyse meinerseits zur Publikationsverbreitung würde ich Sie, wenn möglich, um folgende Information bitten, damit ich besser einordnen kann, wie Hochschulen im Allgemeinen an solche Werke gelangen und wie ich ggf. unterstützen kann, um die Quellenlage weiter zu verbessen.
>
> Auf welchem Wege sind die folgenden Publikationen zu Ihnen gelangt (Anwerbung, Ankauf, Schenkung, etc.)?
>
> - E-Sport Sammlung 2.0
> - eSports Mosaik Einführung in die vielfältigen Aspekte des eSports
>
> Für Ihre Unterstützung bedanke ich mich im Voraus und wünsche allen Studierenden viel Erfolg bei ihren Arbeiten.

Universität Hamburg (angefragt: E-Sport Radar, E-Sport Radar 2, eSports Mosaik):

Schöber, Dr. Timo

Von:	@uni-hamburg.de>
Gesendet:	Dienstag, 6. Juni 2023 11:55
An:	@lists.uni-hamburg.de'; mailtimoschoeber@gmail.com
Cc:	SUBHH, Auskunft
Betreff:	AW: E-Sport Bücher

Sehr geehrter Herr Schöber,

im Rahmen des Bestandsaufbaus der bewegungswissenschaftlichen Literatur in der Martha-Muchow-Bibliothek beschaffen wir in erster Linie Bestellwünsche von Hochschullehrenden, sichten aber auch selbst den Markt und treffen eigene Erwerbungsentscheidungen. Hier schauen wir u.a. regelmäßig die Neuerwerbungen der Deutschen Sporthochschule in Köln durch und überlegen, welche Werke unseren Bestand bereichern können, bzw. wo sich Lücken auf tun, da keine entsprechendes Lehrangebot existiert und somit mit keiner Bestellung von Lehrendenseite zu rechnen ist. Zudem haben wir im Buchhandel Newsletter abonniert, die auf Neuerscheinungen bestimmter Gebiete aufmerksam machen. In Ihrem Fall ist es eine persönliche Entscheidung von mir gewesen, diese Bände für unseren Bestand im Buchhandel zu erwerben, da es bislang keine Übersichtsangebote zu dem Thema in unserer Bibliothek gab.

Mit freundlichem Gruße

--

Dipl.-Bibl.
Bibliotheksleiter

Universität Hamburg
DER FORSCHUNG | DER LEHRE | DER BILDUNG

Universität Hamburg
Martha-Muchow-Bibliothek
Fachbibliothek für Erziehungswissenschaft,
Psychologie und Bewegungswissenschaft
Binderstr. 40
20146 Hamburg

+49 40
@uni-hamburg.de

Universität Jena:

Schöber, Dr. Timo

Von:	[geschwärzt] <eugen.underberg@uni-jena.de>
Gesendet:	Dienstag, 13. Juni 2023 08:10
An:	mailtimoschoeber@gmail.com
Betreff:	WG: E-Sport Bücher

Lieber Herr Dr. Schöber,

vielen Dank für Ihre Anfrage.

In der letzten Zeit hat unsere Bibliothek eine Reihe an Titel zu diesem Thema erworben.

IdR wurde der Neuerscheinungsdienst der Deutschen Nationalbibliothek (wöchentliche Lieferungen der DNB) analysiert und eine Auswahl getroffen.

Mit freundlichen Grüßen

Thüringer Universitäts- und Landesbibliothek
Fachreferent für Kommunikations- und Medienwissenschaft,
Pädagogik, Psychologie, Slawistik und Sportwissenschaft
Bibliotheksplatz 2, 07743 Jena
Tel.: +49 3641 9-

Von: "Schöber, Dr. Timo" <mailtimoschoeber@gmail.com>
Datum: Sonntag, 4. Juni 2023 um 06:24
An: ThULB Öffentlichkeitsarbeit <pr_thulb@uni-jena.de>
Betreff: E-Sport Bücher

Sehr geehrte Damen und Herren,

ich freue mich sehr, dass Sie Publikationen von mir in Ihrer Hochschul-Bibliothek vorrätig halten. Das Thema E-Sport wird zunehmend relevant und es ist sehr positiv zu werten, dass Ihre Hochschule Studierenden mittels solcher Quellen ermöglicht, Studien-, Bachelor-, Master- und Doktorarbeit zu dem Thema zu schreiben.

Für eine Analyse meinerseits zur Publikationsverbreitung würde ich Sie, wenn möglich, um folgende Information bitten, damit ich besser einordnen kann, wie Hochschulen im Allgemeinen an solche Werke gelangen und wie ich ggf. unterstützen kann, um die Quellenlage weiter zu verbessen.

Auf welchem Wege sind die folgenden Publikationen zu Ihnen gelangt (Anwerbung, Ankauf, Schenkung, etc.)?

- Breitensport im E-Sport

Für Ihre Unterstützung bedanke ich mich im Voraus und wünsche allen Studierenden viel Erfolg bei Ihren Arbeiten.

Beste Grüße,
Timo Schöber

Karlsruher Institut für Technologie (angefragt: Breitensport im E-Sport):

Schöber, Dr. Timo

Von: ████ (BIB) <████@kit.edu>
Gesendet: Montag, 5. Juni 2023 08:30
An: mailtimoschoeber@gmail.com
Cc: KIT-Bibliothek
Betreff: Re: Fwd: E-Sport Bücher [SCC#64108218]

Sehr geehrter Herr Schöber,

vielen Dank für Ihre Nachricht. Wir haben das Buch im Buchhandel gekauft. Zunächst ließen wir es uns zur Ansicht durch unseren Buchhändler liefern und haben uns dann zum Kauf entschieden.

Freundliche Grüße
████
****
Karlsruher Institut für Technologie (KIT)
KIT-Bibliothek

████
Medienbearbeitung, Koordinatorin

Strasse am Forum 2, Geb. 30.50/30.51
76131 Karlsruhe
Tel.: +49 (0) 721/ 608████
Fax: +49 (0) 721/ 608-████
E-Mail: ████@kit.edu
www.bibliothek.kit.edu

KIT – Die Forschungsuniversität in der Helmholtz-Gemeinschaft
Das KIT ist seit 2010 als familiengerechte Hochschule zertifiziert.
****

Deutsche Sporthochschule Köln:

Von: Schöber, Dr. Timo <mailtimoschoeber@gmail.com>
Gesendet: Sonntag, 4. Juni 2023 06:46
An: Infopoint <infopoint@dshs-koeln.de>
Betreff: [EXTERN] E-Sport Bücher

Sehr geehrte Damen und Herren,

ich freue mich sehr, dass Sie Publikationen von mir in Ihrer Hochschul-Bibliothek vorrätig halten. Das Thema E-Sport wird zunehmend relevant und es ist sehr positiv zu werten, dass Ihre Hochschule Studierenden mittels solcher Quellen ermöglicht, Studien-, Bachelor-, Master- und Doktorarbeit zu dem Thema zu schreiben.

Für eine Analyse meinerseits zur Publikationsverbreitung würde ich Sie, wenn möglich, um folgende Information bitten, damit ich besser einordnen kann, wie Hochschulen im Allgemeinen an solche Werke gelangen und wie ich ggf. unterstützen kann, um die Quellenlage weiter zu verbessen.

Auf welchem Wege sind die folgenden Publikationen zu Ihnen gelangt (Anwerbung, Ankauf, Schenkung, etc.)?

- E-Sport Sammlung
- eSports Mosaik Einführung in die vielfältigen Aspekte des eSports

Für Ihre Unterstützung bedanke ich mich im Voraus und wünsche allen Studierenden viel Erfolg bei ihren Arbeiten.

Beste Grüße,
Timo Schöber

Schöber, Dr. Timo

Von: [redacted]@dshs-koeln.de>
Gesendet: Freitag, 9. Juni 2023 09:11
An: mailtimoschoeber@gmail.com
Cc: [redacted]
Betreff: AW: [EXTERN] E-Sport Bücher

Sehr geehrter Herr Dr. Schöber,

die von Ihnen genannten Publikationen haben wir käuflich erworben. Die Titel wurden uns bekannt durch die Verzeichnung im Neuerscheinungsdienst der DNB.

Mit freundlichen Grüßen

Deutsche Sporthochschule Koeln
Zentralbibliothek
Am Sportpark Muengersdorf 6
50933 Koeln
Germany

Tel.: + 49 221 4982
Fax: + 49 221 4982
Email: @dshs-koeln.de

URL: http://www.zbsport.de

Von: Infopoint <infopoint@dshs-koeln.de>
Gesendet: Montag, 5. Juni 2023 08:46
An: esport <esport@dshs-koeln.de>; [redacted]@dshs-koeln.de>
Betreff: WG: [EXTERN] E-Sport Bücher

Guten Morgen,

diese Mail erreichte heute Morgen den InfoPoint.

Können Sie weiterhelfen?

Mit freundlichen Grüßen

InfoPoint

Universität Landau (angefragt: Bildschirm-Athleten):

Schöber, Dr. Timo

Von:	ub-erwerbung-ld@rptu.de
Gesendet:	Montag, 5. Juni 2023 11:02
An:	mailtimoschoeber@gmail.com
Betreff:	AW: [Ticket#2023060341000036] E-Sport Bücher

Sehr geehrter Herr Schöber,

ein/e Professor*in des Instituts für Sportwissenschaft hat den Titel der Bibliothek zur Anschaffung vorgeschlagen.

Freundliche Grüße

Erwerbung Landau
Universitätsbibliothek
Abteilung Medienbearbeitung, Erwerbung
--
RPTU
Rheinland-Pfälzische Technische Universität
Kaiserslautern-Landau

Fortstraße 7
Gebäude D
76829 Landau in der Pfalz

T +49 (0) 6341 280 31646
E ub-erwerbung-ld@rptu.de
https://ub.rptu.de/
USt-ID: DE 148642087

Universität Leipzig:

Schöber, Dr. Timo

Von:	Reisinger, Silvio <reisinger@ub.uni-leipzig.de>
Gesendet:	Montag, 5. Juni 2023 09:06
An:	mailtimoschoeber@gmail.com
Betreff:	Ihre Anfrage

Sehr geehrter Herr Dr. Schöber,

zu Ihrer Anfrage bzgl. der beiden Titel

- E-Sport Radar
- Breitensport im E-Sport

möchte ich Ihnen mitteilen, dass wir diese im Rahmen des kooperativen Schriftentauschs als Geschenk vom (benachbarten) Institut für Angewandte Trainingswissenschaft erhalten haben.

Mit freundlichen Grüßen,

Silvio Reisinger

--
Silvio Reisinger
Fachreferent für Erziehungs- und Sportwissenschaft, Global Studies, Geschichte und Klassische Archäologie

Universitätsbibliothek Leipzig
Beethovenstraße 6, 04107 Leipzig

T +49 341 97 30540

reisinger@ub.uni-leipzig.de
www.ub.uni-leipzig.de

Universität Mainz (angefragt: E-Sport Radar, Breitensport im E-Sport, E-Sport auf Landesebene, Athleten im E-Sport):

Schöber, Dr. Timo

Von:	Auskunft Universitätsbibliothek Mainz <info@ub.uni-mainz.de>
Gesendet:	Montag, 5. Juni 2023 09:21
An:	Schöber, Dr. Timo
Cc:	Schweizer, Stefanus; e-books UB
Betreff:	RE: E-Sport Bücher

Sehr geehrter Herr Schöber,

die vier von Ihnen genannten Titel sind – wie Sie festgestellt haben – alle in unserem Bestand. Die ersten beiden Titel wurden als gedruckte Ausgaben, die beiden anderen als E-Books gekauft. E-Books werden nur als Campuslizenz für alle Uni-Angehörigen gekauft, entweder gezielt einzelne Titel oder im Rahmen von E-Book-Paketen unterschiedlicher Anbieter.
Die Fachreferenten beobachten die Entwicklungen in den von ihnen betreuten Fächer und damit auch die jeweiligen Neuerscheinungen auf dem Buchmarkt (Fachzeitschriften, Newsletter, Verlagsprospekte ...). Außerdem werden Kaufvorschläge unserer Nutzer berücksichtigt.
Ich kann nur allgemeine Angaben zum Erwerbungsvorgang machen. Wenn Sie weitere Fragen haben, kontaktieren Sie bitte den zuständigen Fachreferenten, Herrn Schweizer oder - für genauere Angaben zum Erwerb der beiden E-Books – die Kolleginnen des E-Book-Teams der UB (beide Adressen im CC).

Freundliche Grüße

Universitätsbibliothek Mainz
Bereichsbibliothek Philosophicum +
Zentralbibliothek, Auskunft / Fernleihe
Jakob-Welder Weg 6
D 55128 Mainz
Tel.: +49 6131/39-
e.weiner@ub.uni-mainz.de
www.ub.uni-mainz.de

UNIVERSITÄTS BIBLIOTHEK MAINZ

Universität Oldenburg:

Schöber, Dr. Timo

Von:	Auskunft der Bibliothek <bis-info@uni-oldenburg.de>
Gesendet:	Dienstag, 6. Juni 2023 16:35
An:	Schöber, Dr . Timo
Betreff:	Re: [Ticket#2023060310000065] Bücher E-Sport

Sehr geehrter Herr Dr. Schöber,

die genannte Publikation haben wir nicht als Geschenk erhalten, sondern erworben.

Wie wir auf den Titel aufmerksam geworden sind, lässt sich aber leider nicht mehr nachverfolgen.

Viele Grüße aus dem BIS Oldenburg

BIS - Bibliotheks- und Informationssystem der
Carl von Ossietzky Universität Oldenburg
Uhlhornsweg 49-55
26129 Oldenburg

Zentralbibliothek: +49 441-798
Bereichsbibliothek: +49 441-798

Mail: bis-info@uni-oldenburg.de

Öffnungszeiten unter https://uol.de/bis/oeffnungszeiten/

03.06.2023 16:10 - Schöber Dr . Timo schrieb:
Sehr geehrte Damen und Herren,

ich freue mich sehr, dass Sie Publikationen von mir in Ihrer Hochschul-Bibliothek vorrätig halten. Das Thema E-Sport wird zunehmend relevant und es ist sehr positiv zu werten, dass Ihre Hochschule Studierenden mittels solcher Quellen ermöglicht, Studien-, Bachelor-, Master- und Doktorarbeit zu dem Thema zu schreiben.

Für eine Analyse meinerseits zur Publikationsverbreitung würde ich Sie, wenn möglich, um folgende Information bitten, damit ich besser einordnen kann, wie Hochschulen im Allgemeinen an solche Werke gelangen und wie ich ggf. unterstützen kann, um die Quellenlage weiter zu verbessen.

Auf welchem Wege sind die folgenden Publikationen zu Ihnen gelangt (Anwerbung, Ankauf, Schenkung, etc.)?

- Bildschirm-Athleten

Für Ihre Unterstützung bedanke ich mich im Voraus und wünsche allen Studierenden viel Erfolg bei Ihren Arbeiten.

Beste Grüße,
Timo Schöber

Ostfalia Hochschule für angewandte Wissenschaften:

Von: Schöber, Dr. Timo <mailtimoschoeber@gmail.com>
Gesendet: Samstag, 3. Juni 2023 16:15
An: Bibliothek, Information WF <information-wf@ostfalia.de>
Betreff: E-Sport Bücher

Sehr geehrte Damen und Herren,

ich freue mich sehr, dass Sie Publikationen von mir in Ihrer Hochschul-Bibliothek vorrätig halten. Das Thema E-Sport wird zunehmend relevant und es ist sehr positiv zu werten, dass Ihre Hochschule Studierenden mittels solcher Quellen ermöglicht, Studien-, Bachelor-, Master- und Doktorarbeit zu dem Thema zu schreiben.

Für eine Analyse meinerseits zur Publikationsverbreitung würde ich Sie, wenn möglich, um folgende Information bitten, damit ich besser einordnen kann, wie Hochschulen im Allgemeinen an solche Werke gelangen und wie ich ggf. unterstützen kann, um die Quellenlage weiter zu verbessen.

Auf welchem Wege sind die folgenden Publikationen zu Ihnen gelangt (Anwerbung, Ankauf, Schenkung, etc.)?

- Bildschirm-Athleten
- Breitensport im E-Sport : Entwicklungen, Strukturen und Aussichten
- Athleten im E-Sport : vom Breiten- bis zum Profisportler: Analyse, Status Quo und Entwicklungen
- eSports Mosaik Einführung in die vielfältigen Aspekte des eSports

Für Ihre Unterstützung bedanke ich mich im Voraus und wünsche allen Studierenden viel Erfolg bei ihren Arbeiten.

Beste Grüße,
Timo Schöber

Schöber, Dr. Timo

Von:	Bibliothek, Information WF <information-wf@ostfalia.de>
Gesendet:	Montag, 5. Juni 2023 10:21
An:	'Schöber, Dr. Timo'
Betreff:	AW: E-Sport Bücher

Guten Morgen Herr Dr. Schöber,

wir haben die Titel regulär über den Buchhandel bestellt. Was im Einzelnen zur Anschaffungsentscheidung geführt hat, kann ich Ihnen aber leider nicht sagen.

Mit freundlichen Grüßen

--
Ostfalia Hochschule für angewandte Wissenschaften
Hochschule Braunschweig/Wolfenbüttel
Bibliothek - Zentrum für Medien- und Informationsdienstleistungen
Am Exer 8 b, 38302 Wolfenbüttel

Tel.: +49 5331 939-
Fax : +49 5331 939-
E-Mail: information-wf@ostfalia.de
Web: http://www.ostfalia.de/bib

Universität Tübingen:

Schöber, Dr. Timo

Von:	UB Monographien <monographien@ub.uni-tuebingen.de>
Gesendet:	Montag, 5. Juni 2023 12:18
An:	mailtimoschoeber@gmail.com
Betreff:	AW: E-Sport Bücher

Sehr geehrter Herr Schöber,

zu diesem Titel kann ich Ihnen nur sagen, dass er 2020 über unseren lokalen Buchhändler erworben wurde aufgrund eines Anschaffungswunsches seitens eines Nutzers.

Freundliche Grüße

--

Eberhard Karls Universität Tübingen
Universitätsbibliothek
Akquisition und Metadaten
Monographien und Lehrbücher
Wilhelmstr. 32 · 72074 Tübingen · Germany
Telefon +49 7071 29-

Von: UB Information <information@ub.uni-tuebingen.de>
Gesendet: Montag, 5. Juni 2023 09:04
An: UB Monographien <monographien@ub.uni-tuebingen.de>
Betreff: WG: E-Sport Bücher

Von: Schöber, Dr. Timo <mailtimoschoeber@gmail.com>
Gesendet: Sonntag, 4. Juni 2023 06:51
An: UB Information <information@ub.uni-tuebingen.de>
Betreff: E-Sport Bücher

Sehr geehrte Damen und Herren,

ich freue mich sehr, dass Sie Publikationen von mir in Ihrer Hochschul-Bibliothek vorrätig halten. Das Thema E-Sport wird zunehmend relevant und es ist sehr positiv zu werten, dass Ihre Hochschule Studierenden mittels solcher Quellen ermöglicht, Studien-, Bachelor-, Master- und Doktorarbeit zu dem Thema zu schreiben.

Für eine Analyse meinerseits zur Publikationsverbreitung würde ich Sie, wenn möglich, um folgende Information bitten, damit ich besser einordnen kann, wie Hochschulen im Allgemeinen an solche Werke gelangen und wie ich ggf. unterstützen kann, um die Quellenlage weiter zu verbessen.

Auf welchem Wege sind die folgenden Publikationen zu Ihnen gelangt (Anwerbung, Ankauf, Schenkung, etc.)?

- eSports Mosaik Einführung in die vielfältigen Aspekte des eSports

Für Ihre Unterstützung bedanke ich mich im Voraus und wünsche allen Studierenden viel Erfolg bei ihren Arbeiten.

Beste Grüße,

Das bedeutet konkret, dass mindestens die folgenden Bücher, bei denen ich erstgenannter oder alleiniger Autor bin, von mindestens fünf wissenschaftlichen Bibliotheken angeworben worden sind:

- Bildschirm-Athleten
- Breitensport im E-Sport
- eSports Mosaik
- E-Sport Radar

Schon damit wären die Relevanzkriterien der Wikipedia erfüllt.

Auch andere Bücher sind angeworben worden, aber aufgrund der schleppenden Rückmeldungen durch die Hochschulen kann dies zum Stand der Veröffentlichung dieses Buches nicht für fünf oder mehr Hochschulen nachgewiesen werden. Auch existieren Bücher, die als eBook-Lizenz angeworben und daher nicht in meiner Auflistung berücksichtigt worden sind, wie folgende Hochschulen bestätigt haben:

- Universität Bielefeld
- Universität Eichstätt-Ingolstadt
- Hochschule Bonn-Rhein-Sieg
- Universität Paderborn
- Universität Duisburg-Essen
- Technische Universität Clausthal
- TU Braunschweig
- Universität Münster

Hierzu auszugsweise:

Schöber, Dr. Timo

Von:	ULB Münster, Information <info.ulb@uni-muenster.de>
Gesendet:	Montag, 5. Juni 2023 16:21
An:	'Schöber, Dr. Timo'
Betreff:	AW: E-Sport Bücher
Signiert von:	auskunft.ulb@uni-muenster.de

Sehr geehrter Herr Schöber,

vielen Dank für Ihre Anfrage.
Wir haben den Titel E-Sport Radar 2 im Rahmen eines E-Book-Pakets erworben, s.a. https://hbz-ulbms.primo.exlibrisgroup.com/permalink/49HBZ_ULM/1orud0a/alma99372478491006441

Ich hoffe, diese Informationen helfen Ihnen. Bei Rückfragen oder weiteren Fragen melden Sie sich gerne jederzeit wieder.

Mit freundlichen Grüßen

Schöber, Dr. Timo

Von:	@uni-due.de>
Gesendet:	Montag, 5. Juni 2023 11:39
An:	timo@schoeber.net
Cc:	angelika.holthausen@uni-due.de; 'Information UB Duisburg-Essen'
Betreff:	WG: E-Sport Bücher

Sehr geehrter Herr Dr. Schöber,

wir haben die beiden Titel als E-Books im Bestand.
Die Universitätsbibliothek erwirbt Titel aufgrund von Anschaffungswünschen unserer Nutzer:innen und aufgrund fachlicher Auswahl der zuständigen Fachreferate.
Sie haben Ihre Titel in der Nomos eLibrary veröffentlicht; darauf haben wir im Rahmen der Initiative E-Books.NRW Zugriff.

Mit freundlichen Grüßen aus der Universitätsbibliothek Duisburg-Essen

Schöber, Dr. Timo

Von:	Universitätsbibliothek Eichstätt -Ingolstadt <bibliothek@ku.de>
Gesendet:	Montag, 12. Juni 2023 12:09
An:	timo@schoeber.net
Betreff:	Re: [Ticket#202306040009] E-Sport Bücher

Sehr geehrter Herr Dr. Schöber,

vielen Dank für Ihre Anfrage. Seit Oktober 2022 bin ich als Fachreferent für den Bereich "Sport" zuständig. Im Bereich des E-Sports werden Publikationen hauptsächlich als E-Books in Paketen (wie z.B. dem Nomos-Wissenschaftspaket) erworben. Die Entscheidung darüber wird nach Rücksprache mit dem Fachbereich von den jeweiligen Fachreferent:innen getroffen.

Ich hoffe, diese Informationen helfen Ihnen weiter und wünsche Ihnen alles Gute!

Mit freundlichen Grüßen,

--
Katholische Universität Eichstätt-Ingolstadt
Universitätsbibliothek
Telefon: +49 8421
E-Mail: bibliothek@ku.de
Web: https://www.ku.de/bibliothek

Zur Relevanz hinzukommen allerdings drei weitere Bücher, bei denen ich Hauptautor bin, die über eine reguläre Printauflage erschienen sind, wie ich mir von den Verlagen habe bestätigen lassen:

Schöber, Dr. Timo

Von:	@heel-verlag.de>
Gesendet:	Montag, 12. Juni 2023 08:45
An:	Schöber, Dr. Timo
Betreff:	AW: Zero2Hero

Hallo Herr Schöber,

ich habe gerade nachgesehen. Es wurden 2000 Exemplare gedruckt.

Viele Grüße und eine schöne sommerliche Woche,

Von: Schöber, Dr. Timo <timo@schoeber.net>
Gesendet: Freitag, 9. Juni 2023 15:57
An: @heel-verlag.de>
Betreff: Zero2Hero

Hallo Frau

ich hoffe, dass es Ihnen gut geht.

Bzgl. des Buches Zero2Hero, das ich seiner Zeit für den Heel-Verlag geschrieben hatte, hätte ich eine Rückfrage: Wenn ich es richtig im Kopf habe, ist das Buch als Printauflage in Höhe von 3.000 Exemplaren erschienen. Ist dies korrekt?

Vielen Dank und beste Grüße,
Timo Schöber

Bei den beiden ersten Büchern der Esportpedia hat sich neben dem Verlag auch die KAYDEE GmbH an den Kosten beteiligt. Diese ist eine Marketingagentur. Ich war bei dieser nie angestellt oder Ähnliches.

Schöber, Dr. Timo

Von:	@m-m-sports.com>
Gesendet:	Dienstag, 13. Juni 2023 08:46
An:	Schöber, Dr. Timo
Betreff:	Re: Athleten im E-Sport und E-Sport auf Landesebene

Hallo Timo,

wir haben davon je 1.000 Ex. gedruckt. Die KAYDEE hatte damals ja die Druckkosten teilweise mitgetragen. Derzeit sind eure Werke über Print-on-Demand verfügbar.

Ich habe aber noch eine andere Frage zu eurem neuen Band "Facilities". Wie lautet hier der richtige Titel und hast du schon Ideen für das Cover bzw. Wünsche? Wir würden damit gerne zeitnah starten.

Viele Grüße

Projektmanager und Assistenz der Programmleitung

Tel: +49 (0)241 - 9 Fax: +49 (0)24 @m-m-sports.com
Meyer & Meyer Fachverlag und Buchhandel | 390 | 52080 Aachen |
www.dersportverlag.de

Newsletter DatenschutzerklŠrung

Am 09.06.2023 um 15:54 schrieb Schöber, Dr. Timo:

> Hallo
>
> ich hoffe, dir geht es gut. Wenn ich es richtig im Kopf habe, dann sind die ersten beiden Bücher der Esportpedia (siehe Betreff) als Printauflage erschienen, richtig? Wenn ja, weißt du noch wie hoch die Auflage gewesen ist?
>
> Danke und LG Timo

Damit wäre für mindestens sieben Bücher unmissverständlich und eindeutig Relevanz nachgewiesen, wenn man die Wikipedia Relevanzkriterien anlegt. Notwendig wären vier Bücher.

Darüber hinaus geben WorldCat und der Karlsruher Katalog u.a. für folgende weitere Bücher mindestens fünf wissenschaftliche Bibliotheken an:

- eSports Mosaik 2 (u.a. Halle (Saale), Erfurt, Oldenburg, Tübingen und Wolfenbüttel)
- eSports Mosaik 3 (u.a. Erfurt, Hamburg, Hildesheim, Oldenburg und Tübingen)
- eSports in Gesellschaft und Politik (u.a. Heide, Hildesheim, Regensburg, Erfurt und Mittweida)
- eSports Leitfaden 2020 (u.a. Erlangen, Regensburg, Heide, Hildesheim und Erfurt)
- E-Sport Radar 2 (u.a. München, Bremen, Hamburg, Stuttgart und Heidelberg)

Damit wären es dann mindestens 12 Bücher, die relevanzstiftend sind und damit dreimal mehr als notwendig.

Mehr relevanzerzeugende Fakten, wie etwa Gutachten für die GIZ, die Erstellung von Lehrbüchern für die IU und die Euro-FH, diverse Gastartikel, 10+ wissenschaftliche Veröffentlichungen, mediale Aufmerksamkeit (RTL, NDR, DHZ, n-tv, etc.), Leitungsfunktionen bei Esportpedia, dem Institut für Ludologie oder Esportionary, Experteninterviews, Dozententätigkeiten, die mehrfache Nennung von Bildschirm-Athleten als Standardwerk (auch im Hochschulkontext),

Hochschulmodulentwicklung, Co-Gründung eines prämierten Start-Ups, etc., werde ich an dieser Stelle nicht im Detail behandeln, verstärken diese aber dennoch die Relevanz enorm. Einen Artikel zu meiner Person dürfte es bei der Wikipedia relevanztechnisch also jederzeit geben (die Relevanzkriterien sind übererfüllt), allerdings habe ich dies sperren lassen.

Mir war die ausführliche Darlegung der zweifelhaften Arbeit der Wikipedia an dieser Stelle wichtig. Nicht, um meine Person darzustellen, sondern um an meinem Beispiel zu zeigen, dass die Wikipedia unwissenschaftlich, willkürlich und beliebig arbeitet. Damit scheidet sie als verlässliche Quelle aus. Leider wissen viele forschende Menschen nicht um diese Problematik und schwächen ihre Arbeiten daher mit ungeprüften Wikipedia-Quellen.

Das „Missverständnis Doktortitel"

Viele Studenten, die mit dem Master, dem Diplom oder dem Magister fertig sind, überlegen mehr oder minder ernsthaft, ob sie eine Promotion anschließen sollten. Hierzu werden häufig Gründe angeführt, die allerdings kein guter Motivationsgrund für den Erwerb des Doktorgrades sind:

- Titelgier
- Verdienstmöglichkeiten
- Prestige
- Karriere

Ein Doktor vor dem Namen gibt nur an, dass eine Person dazu in der Lage ist, selbstständig wissenschaftlich zu arbeiten – nicht mehr und nicht weniger. Daher sind gute Motivationsgründe für eine Promotion:

- Wissenschaftliche Neugier
- Freude an Forschung
- Interesse an neuen Erkenntnissen
- Intrinsische Motivation zur Verbesserung der Quellenlage im eigenen Forschungsfeld

Es ist daher unbedingt davon abzuraten, aus extrinsischer Motivation heraus zu promovieren.

Beispielpaper

Das nachfolgende Paper ist erstmals bei PAIDIA erschienen, dem computerspielwissenschaftlichen Journal der LMU München. Das Paper ist Teil meiner kumulativen Dissertation, die mit summa cum laude bewertet worden ist. Es soll beispielhaft zeigen, wie wissenschaftliche Arbeit im E-Sport im Ergebnis ausschauen kann.

1 Einleitung

Das wettbewerbsorientierte Spielen von digitalen Formaten unter sportlichen Aspekten, der sogenannte E-Sport, gewinnt zunehmend an gesellschaftlicher, politischer und wirtschaftlicher Relevanz. Aufgrund der stärker werdenden Wahrnehmung von E-Sport bei unterschiedlichen Organisationen, Personen und Institutionen findet vermehrt ein gesellschaftlicher Diskurs statt, ob E-Sport als Sport zu werten sei oder nicht.[1]

Während dabei weltweit Politik und Verbände in rund fünfzig Ländern E-Sport als Sport klassifizieren,[2] ist in Deutschland E-Sport bisher nicht offiziell als Sport anerkannt. Unter anderem aufgrund der teilweisen Trennung von Sport und Politik in Form der Autonomie des Sports, sowie der Rolle des Deutschen Olympischen

Sportbunds (DOSB) darüber entscheiden zu können, was in Deutschland als Sport gilt und was nicht, ist E-Sport bisher nicht als Sport anerkannt worden.[3] Die Autonomie des Sports soll sicherstellen, dass der organisierte Sport weitgehend unabhängig von Staat und Politik Entscheidungen treffen kann. Hierdurch soll unter anderem der politische Missbrauch des Sports verhindert werden, wie er etwa beim staatlichen Doping von Spitzenathlet*innen in der DDR stattgefunden hat.[4]

Der DOSB steht E-Sport kritisch bis ablehnend gegenüber und führt dabei unterschiedliche Argumentationen an. So sei die körperliche Aktivität zu gering, es würden Strukturen fehlen und Videospiele seien teilweise gewaltverherrlichend.[5]

Die Sportfrage und die Haltung des DOSB zum E-Sport wiederum sind in Deutschland relevant, weil an eine Anerkennung von E-Sport als Sport unterschiedliche Folgen geknüpft wären. Zu nennen ist hier insbesondere eine Förderfähigkeit mit Sportmitteln, weshalb wohl überhaupt die Debatte so verbissen geführt wird.

Die Forschungsfrage dieses Beitrags ist daher, wie E-Sport definiert und diskursiv verhandelt wird, insbesondere hinsichtlich der Frage, ob E-Sport als Sport zu werten ist oder nicht. Um sich der Diskussion zum E-Sport zu nähern, werden folgend die Begriffe "Sport" und "Gaming" betrachtet, da diese grundlegend für das Verständnis vom und die Abgrenzung zum Begriff "E-Sport" sind. Gerade in der Sportdiskussion werden die

Begriffe "E-Sport" und "Gaming" häufig gleichgesetzt und bei der Bewertung der Frage nicht differenziert. Daher werden die drei Begriffe in diesem Beitrag einander gegenübergestellt und abgeglichen.

Da es für die Betrachtung der Sportdiskussion zum E-Sport und für die Definition des Begriffs "E-Sport" essentiell ist, dass der Begriff "Sport" definiert wird, werden im Folgenden unterschiedliche Definitionen des Sportbegriffs betrachtet.

2 Sport (traditionell / klassisch)

Traditioneller Sport, auch klassischer Sport genannt, hat sich in seiner Definition historisch verändert und einen Entwicklungsprozess durchlaufen.[6] Dabei existieren unterschiedliche Definitionen des Begriffs und des Konzepts "Sport", die sich einander teilweise widersprechen. Im Folgenden wird auf einige Definitionen des Sportbegriffs eingegangen.

2.1 Definitionen des Sportbegriffs in der Literatur

Sutula (2018) definiert Sport auf Basis einer Analyse unterschiedlicher Untersuchungen und Veröffentlichungen wie folgt:

Sport as a special socio-cultural phenomenon, is a historically determined activity of people connected with the use of physical exercises, which is aimed at preparing and participating in a specially organized system of competitions, as well as individual and socially significant results of such activity.[7]

Burk und Fahrner (2020) wiederum legen unterschiedliche Ansätze zur Definition des Sportbegriffs dar: Sport ist ein gesellschaftliches, schillerndes Phänomen mit unterschiedlichen Ausprägungen und einer enormen gesellschaftlichen Relevanz.[8] Die Relevanz ist gekennzeichnet durch etwa erzieherische, politische, ökonomische und massenmediale Aspekte.[9] Insgesamt ist der Sportbegriff nicht abschließend und nicht exakt definierbar.[10] Die Schwierigkeit bei der Definition des Begriffs "Sport" lässt sich auch in der Geschichte wiederfinden. Historisch wird der Begriff "Sport" in Deutschland erstmals Mitte des 19. Jahrhunderts verwendet.[11] Früher findet sich der Begriff in England, wo bereits im 18. Jahrhundert ein Sportbegriff existiert.[12] Dieser frühe Sport definiert sich einerseits durch Spiel und Wettkampf inklusive einheitlicher Regeln, andererseits durch eine Unvorhersehbarkeit der Resultate.[13]

Im Deutschland der Gegenwart steht Sport zumeist als Oberbegriff für unterschiedliche Arten körperlicher Aktivitäten. Dabei ist er kein feststehender Begriff.[14] Die Merkmale, die vorhanden sein müssen, welche den Sport definieren, sind demnach veränderbar. Darüber hinaus umfasst der Begriff "Sport" nicht immer die gleichen Sportarten. Vielmehr kann der Begriff "Sport" um neue Entwicklungen erweitert werden.[15] Demnach variieren auch Art und Menge der Objekte, die mit dem Begriff "Sport" gemeint sind, je nach zeitlichem Kontext, Herangehensweise und anderer Aspekte.

Die fehlende Abgrenzbarkeit des Sportbegriffs wird auch in anderen Quellen deutlich. Digel (1990) etwa vertritt die Ansicht, dass es vom subjektiven Empfinden des Einzelnen oder von Gruppen abhängen kann, ob etwas als Sport gilt oder nicht.[16]

In Heinemann (1980/2007) wiederum ist der Sportbegriff durch folgende Merkmale gekennzeichnet, die sich auch teilweise in vorstehend genannten Definitionen wiederfinden:[17] Körperlichkeit und Bewegung, Leistungsbezogenheit, Normen und Regeln, Unproduktivität und weitere Variablen (öffentliches Interesse, mediale Aufmerksamkeit, Berufschancen, wirtschaftliches Gewicht, etc.).

Häufig geht mit dem Begriff "Sport" auch das Konzept der Leibesübungen einher, wenn man sich historisch frühe Ansätze zur Definition des Sportsbegriffs anschaut.[18]

Auch in der Sportdefinition von Tiedemann (2020) findet sich dieser Ansatz, ergänzt um zusätzliche Aspekte:

Sport ist ein kulturelles Tätigkeitsfeld, in dem Menschen sich freiwillig in eine Beziehung zu anderen Menschen begeben, um ihre jeweiligen Fähigkeiten und Fertigkeiten in der Bewegungskunst zu vergleichen – nach selbst gesetzten oder übernommenen Regeln und auf Grundlage der gesellschaftlich akzeptierten ethischen Werte.[19]

Je nach Definition des Sportsbegriffs können weitere Merkmale in den Quellen genannt sein. Der DOSB zum Beispiel betrachtet unter anderem Leistung als ein Definitionsmerkmal des Sports:[20] „Das Streben nach Leistung ist in unserer Gesellschaft und im Wesen des Sports verankert."

Darüber hinaus betont der DOSB eine Trennung von Sport und Politik. Diese ist in der Literatur nicht immer eindeutig definiert und bezieht sich in diesem Beitrag auf die Autonomie des Sports. Es wäre jedoch eine eindeutige Definition hinsichtlich der Sportautonomie beim DOSB erwartbar, da der DOSB sich auch in der Debatte um den E-Sport auf eben jene beruft.[21]

Insgesamt bleibt festzustellen, dass beim DOSB keine geschlossene Sportdefinition existiert. Diese ist häufig allenfalls ableitbar, etwa durch das Gutachten des DOSB zum E-Sport und der rechtlichen Ableitung, dass E-Sport kein Sport sei.[22] Hier werden dem Sportbegriff Merkmale zugeordnet, in dem ausgeführt wird, dass E-Sport kein Sport sei, weil ihm diese Merkmale fehlen würden, etwa Körperlichkeit.

Es wird deutlich, dass der DOSB verstärkt Bedarf an einer Definition des Sportbegriffs sieht, seitdem darüber diskutiert wird, ob E-Sport eine Sportart sei oder nicht.[23]

2.2 Sport-Definition: Zusammenfassung

Der Sportbegriff ist nicht genau eingrenzbar. Die Definitionsmerkmale unterscheiden sich je nach Quelle, historischem Zusammenhang, Organisation und Person immens.[24] Grundsätzlich gestaltet sich eine allgemeingültige, enge Definition des Sportbegriffs sehr schwierig, vor allem, weil er umgangssprachlich sehr unterschiedliche Verwendung findet.[25] Kleinster gemeinsamer Nenner der meisten für diesen Beitrag herangezogenen Sportdefinitionen sind die Aspekte der Körperlichkeit, der Bewegung und einer gewissen Leistungsorientierung, die allerdings nicht zwangsläufig mit der Teilnahme an Wettbewerben oder dem Messen mit anderen Menschen einhergehen muss. Auch ein Bezug zu festen Regeln findet sich in den meisten Sportdefinitionen. Betrachtet man darüber hinaus die Etymologie des Begriffs "Sport", dann ist dieser durch Aphärese aus dem englischen Wort "disport" hervorgegangen, das unter anderem mit dem Begriff "Zeitvertreib" beschrieben werden kann.[26] Als Konnotation des Sportbegriffs im historischen Kontext kann darüber hinaus der Wettkampf zwischen Menschen gesehen werden, wie er beispielsweise bei den Olympischen Spielen der Antike stattgefunden hat.[27] Hier spielte aber nicht nur der Wettkampf eine zentrale Rolle, sondern beispielsweise auch charakterliche Bildung, Wertevermittlung, Training und die Vorbereitung auf bewaffnete Kämpfe.[28]

Dass bereits im Sportzusammenhang mehrfach der Begriff "Spiel" auftaucht, man denke etwa an "Fußballspiel“ oder "Handballspiel", führt uns zur Definition unseres nächsten Begriffs: Gaming.

3 Gaming

Mit dem Begriff "Gaming" ist das Spielen von Videospielen gemeint, teilweise einhergehend mit kulturellen Aspekten,[29] man denke etwa an die künstlerische Schaffung digitaler Welten, das Kreieren von Musikstücken für Videospiele oder aber Videospiele, welche die Spieler*innen zur Kreativität anregen. Videospiele lassen sich in unterschiedliche Kategorien einteilen und sind entweder alleine (Einzelspieler*in) oder mit- und gegeneinander (Mehrspieler*innen) spielbar.[30]

Zusätzlich lassen sich Videospiele in unterschiedliche Genres einteilen, wie zum Beispiel Shooter, Echtzeitstrategie, Battle Royale und Sportsimulationen.[31] Einzelne Beispiele für Videospiele, die diesen Genres zuzuordnen sind, sind *Half-Life*, *League of Legends*, *Fortnite* und *FIFA*.

3.1 Definitionen von Gaming in der Literatur

Gaming bezeichnet das Spielen von Videospielen auf den dafür geeigneten Endgeräten mittels Eingabemöglichkeiten. Da Gaming das Spielen von Videospielen meint, ist eine genauere Betrachtung des Begriffs "Videospiel" erforderlich. Die wissenschaftliche Auseinandersetzung mit Videospielen ist allerdings noch relativ jung.

Ein Videospiel ist im ersten Schritt ein Spiel. Ein Spiel, das mittels audiovisueller Wahrnehmung erlebt wird und oftmals einer Geschichte folgt.[32] Hinzu kommen Aspekte wie Narration, also das Erzählen einer Handlung, wie sie sich in vielen Videospielen findet,[33] und haptisches Feedback, etwa durch die Nutzung von Controllern mit integriertem Vibrationsmotor oder Neuentwicklungen, wie etwa vibrierende Computermäuse.[34] Darüber hinaus ist in der Literatur vom "Homo ludens digitalis" die Rede, also dem spielenden, digitalen Menschen,[35] basierend auf dem "Homo ludens", dem spielenden Menschen.[36]

Außerdem ist das Spiel Kulturgut[37] und beständiger Teil der Geschichte der menschlichen Entwicklung. Dabei unterliegt ein Spiel bindenden Regeln und einer Freiwilligkeit in der Handlung, begleitet von unterschiedlichen Emotionen, die auf einer abstrakten Ebene häufig als angenehm oder lustvoll erfahren werden.[38] Feste Regeln und Freiwilligkeit finden sich in vielen Bestimmungen des Begriffs "Spiel" als Definitionsmerkmal. Darüber hinaus erfolgt das Spielen abgegrenzt vom Alltagsleben, das Ergebnis des Spielens ist nicht vorhersehbar und die Handlung des Spielens ist unproduktiv, schafft also beispielsweise keine neuen Güter, sondern verschiebt gegebenenfalls lediglich materielles Gut zwischen den Spieler*innen.[39] Das Videospiel ist die neuste und modernste Form dieses Spielens.[40] Gaming bezeichnet dabei das Spielen eben jener Videospiele.

Die zunehmende Entwicklung innerhalb der Informationstechnologien ermöglichte immer komplexere und grafisch aufwendigere Videospiele. Darüber hinaus entstand die kommerzielle Nutzung des Internets als Möglichkeit der globalen Vernetzung,[41] wodurch vor allem Mehrspieler*innen-Inhalte zunehmend erfolgreicher wurden. Videospiele stellen inzwischen einen wichtigen Teil der Lebenswirklichkeit vieler Menschen dar – weltweit spielen rund 2,2 Milliarden Menschen Videospiele.[42]

Es handelt sich beim Gaming ferner um ein multidimensionales Konstrukt. Ökonomische, mediale und symbolische Aspekte spielen hier eine Rolle, die Gaming insgesamt zu einem komplexen Untersuchungsgegenstand machen. Es handelt sich mitnichten nur um eine Unterhaltungsform für junge Menschen, sondern um ein gesamtgesellschaftliches Phänomen mit vielen unterschiedlichen Aspekten.[43] Dies zeigt sich nicht nur durch vielfältige

Forschungsperspektiven auf das Thema, etwa im pädagogischen Bereich,[44] sondern auch durch den Einfluss von Videospielen auf zum Beispiel kulturelle Entwicklungen,[45] beispielsweise digitale Kunstwerke oder die Verbindung neuer technischer Errungenschaften mit kreativen Prozessen.

Der Begriff "Gaming" beschreibt über das eigentliche Spielen hinausgehend auch die Gaming-Kultur sowie die Übertragung von Verhaltensweisen und Erfahrungen der Spieler*innen aus dem Spiel in die analoge Welt.[46] Dies ist durchaus vergleichbar mit dem Sport, da auch beim Sport entsprechende Aspekte in andere Lebensbereiche übertragen werden können und demzufolge Spieler*innen und Sportler*innen gleichermaßen ihre Erfahrungen als Grundlage für anderweitige Bereiche und Handlungen heranziehen können.[47]

3.2 Gaming-Definition: Zusammenfassung

Das bloße Spielen von Videospielen, sei es auf dem PC, Spielekonsolen, Handhelds oder dem Smartphone, wird als Gaming bezeichnet. Gaming ist dabei eines der aktuelleren Phänomene des "Homo ludens", also des spielenden Menschen.[48] Beim Gaming sind Wettkämpfe, etwa Ligen und Turniere, insbesondere in einer organisierten Form, ohne eine größere Bedeutung. Gaming meint sowohl das digitale Spielen, einhergehend mit kulturellen Aspekten, als auch die Übertragung von

Spielerfahrungen ins Leben außerhalb des Spiels. E-Sport ist ein spezieller Teilbereich des Gaming, der sich durch verschiedene Aspekte vom allgemeinen Gaming unterscheidet, wie im folgenden Kapitel dargelegt wird.

Nachdem nun sowohl auf den Begriff "Sport" als auch auf den Begriff "Gaming" eingegangen wurde, die beide als voraussetzende Definitionen für ein Verständnis von E-Sport angesehen werden können, können wir uns nun diesem Begriff zuwenden.

4 E-Sport

E-Sport beschreibt die wettbewerbsorientierte Form des Gaming unter sportlichen Aspekten. Die Definitionen des Begriffs gemäß Literatur inklusive Online-Quellen sowie die historische Entstehung des Begriffs werden im Folgenden dargelegt.

Darüber hinaus ist zur Wortzusammensetzung festzustellen, dass das "E" in E-Sport für das Wort "elektronisch" steht, wodurch gekennzeichnet wird, dass es sich um eine digital ausgeführte Form von Sport handelt.[49] Dieser Begriffsentwicklung folgend wäre E-Sport, zumindest nach der Begriffsbildung, ein Teil des Sports insgesamt.

4.1 Definitionen von E-Sport in der Literatur

Entstanden ist der Begriff "E-Sport" als häufig gebrauchter Begriff Ende der 1990er Jahre.[50] Zuvor fand der Begriff eher selten Verwendung. Der Begriff "E-Sport" bezog sich Ende der 1990er Jahre auf das wettbewerbsorientierte Spielen von Videospielen, bei gleichzeitiger Professionalität, weshalb E-Sport in seinen frühen Phasen häufig auch als "Pro Gaming" bezeichnet worden ist.[51] Im Folgenden sollen verschiedene bedeutsame Definitionen vorgestellt, analysiert und miteinander verglichen werden.

Die International Esports Federation (IeSF) (2020) definiert E-Sport folgendermaßen: „Esports is a competitive sport performed in a virtual environment in which physical and mental abilities are exercised to create victory conditions through generally accepted rules."[52]

Der Begriff "Sport" findet sich in der E-Sport-Definition der IeSF. Hieraus lässt sich ein gewisses Selbstverständnis ableiten, wonach E-Sport im internationalen Kontext als Sport gesehen wird. Denn die IeSF arbeitet dabei mit dem sprachlichen Mittel der Redundanz, da sie den Begriff "Sport" als Teil der Definition des Begriffs "E-Sport" nutzt, um zu verdeutlichen, dass E-Sport ein Sport ist. Daraus ableitbar ist, dass E-Sport im Sinne der IeSF ein Sport ist, der sich allein dadurch vom traditionellen Sport unterscheidet, dass er in einer virtuellen Umgebung stattfindet. Dies wird nicht nur durch die tautologische Satzbildung deutlich („Esports is a competitive sport"), sondern ebenfalls dadurch, dass sich abseits der virtuellen Umgebung alle anderen Definitionsmerkmale des Begriffs "E-Sport" der IeSF auch in vorstehend genannten Sportdefinitionen wiederfinden.

Auf nationaler Ebene wiederum beschäftigen sich Organisationen ebenfalls mit der Definitionsfrage. Der ESBD – eSport-Bund Deutschland e.V. (2020), der sich selbst als deutschen Dachverband des E-Sports sieht,[53] definiert E-Sport beispielsweise wie folgt:

„eSport ist der unmittelbare Wettkampf zwischen menschlichen Spieler/innen unter Nutzung von geeigneten Video- und Computerspielen an verschiedenen Geräten und auf digitalen Plattformen unter festgelegten Regeln. Der Vergleich der sportlichen Leistung im eSport bestimmt sich aus dem Zusammenwirken einer zielgerichteten Bedienung der Eingabegeräte in direkter Reaktion auf den dargestellten Spielablauf bei gleichzeitiger taktischer Beherrschung des übergreifenden Spielgeschehens."[54]

Vergleicht man die Definitionen von IeSF und ESBD, dann wird deutlich, dass sich einige Schnittmengen ergeben. Beide Organisationen sehen Wettbewerbsorientierung, eine digitale/virtuelle Umgebung und festgelegte Regeln als essentiell für den E-Sport an. Außerdem arbeiten beide Organisationen mit dem sprachlichen Mittel der Redundanz, denn auch der ESBD nutzt den Sportbegriff („sportlichen Leistung“) als Teil der Definition des Begriffs "E-Sport".

Neben den bereits erläuterten Definitionsmerkmalen findet sich beim E-Sport eine Unterteilung in unterschiedliche Disziplinen, die den Genres von Videospielen entsprechen,[55] so heißt es in Streppelhoff (2018): „In Anlehnung an den traditionellen Sport werden E-Sport-Titel verschiedenen ‚Disziplinen‘ zugeordnet.“[56] Die Unterteilung in Disziplinen erfolgt ausschließlich anhand von Spielegenres oder gar einzelnen Spielen, dies kann sich je nach Quelle unterscheiden. Grundsätzlich erfolgt eine Unterteilung des E-Sports in Disziplinen in den Quellen aber ausschließlich anhand dieser Vorgehensweise, nicht etwa anhand von physischen Erfordernissen oder kognitiven Leistungsmerkmalen.[57]

Auch Andrade und Qiang (2019) orientieren sich an einer Unterteilung des E-Sports in unterschiedliche Genres respektive Disziplinen.[58] Darüber hinaus nehmen sie Bezug auf den Newzoo Global Esports Market Report (2019), in dem E-Sport als die wettbewerbsorientierte, professionelle, organisierte und auf ein Ziel ausgerichtete Form des Gaming definiert wird.[59]

Im Gegensatz zu den anderen vorstehend erörterten, aktuellen Definitionen, sieht Newzoo Professionalität als einen Teil der E-Sport-Definition an. Dies ist durchaus kritisch zu bewerten, weil Professionalität als Definitionsmerkmal des Begriffs "E-Sport" gegenwärtig zumeist keine Rolle mehr spielt, wenn von E-Sport gesprochen wird. Das wird schon aufgrund der deutschen Breitensportstrukturen im E-Sport deutlich, die vielerlei Organisationen sowie Millionen von Spieler*innen umfassen.[60] Wie bei allen bisher genannten Definitionen auch, wird im Global Esports Market Report (2019) Wettbewerbsorientierung als Definitionsmerkmal angegeben.[61] Beim Zielaspekt gibt es Schnittmengen zwischen den Definitionen gemäß IeSF und Newzoo. Wenn man festgelegte Regeln als einen Teilaspekt der Organisiertheit sieht, dann findet sich dies bei der IeSF, dem ESBD und Newzoo. Die meisten Definitionen sehen im E-Sport auch den Amateur- und Breitensport inkludiert.[62] Da die voranstehenden Definitionen als festsetzende Definitionen verstanden werden können, die den E-Sport-Begriff neu einführen und ihm so Definitionsmerkmale zuordnen,[63] ist der Fokus auf Professionalität kritisch zu sehen, schließt er doch dadurch den kompletten Bereich des Breitensports und damit Millionen an Spieler*innen aus.[64] Darüber hinaus widerspricht der Fokus auf Professionalität auch dem allgemeinen Breitensport, der nicht auf monetären Gewinn abzielt. Gerade wenn man deskriptiv an den Begriff "E-Sport" herangeht und dabei die Betrachtung des Sprachgebrauchs miteinschließt, lässt sich dies durch ein induktives Vorgehen belegen:[65] Professionalität ist und sollte kein definitorisches Merkmal des E-Sports sein.

Doch gibt es nicht nur Widersprüche zwischen verschiedenen E-Sport-Definitionen. Man findet auch nur zu oft, dass sich E-Sport definitorisch nur schwer von Sport abgrenzen lässt.

Der Sportaspekt spielt auch im Bereich der Spielwissenschaften eine Rolle, wenn E-Sport als Untersuchungsgegenstand betrachtet wird. Das Berliner Institut für Ludologie (2020), das sich mit dem Phänomen des Spielens als Forschungsgegenstand befasst, definiert E-Sport etwa folgendermaßen: „Der elektronische Sport (eSports) beschreibt das wettbewerbsorientierte Spielen von digitalen Inhalten, vorwiegend Computer- und Videogames.“[66]

In einer Pressemitteilung nennt das Institut für Ludologie (2019) darüber hinaus die folgenden Merkmale:

„Feste Regeln und Spielziele, Kommunikation und Teamplay, Fairplay, umfassende Strukturen und Organisiertheit, Wettkampforientierung, Trainingspläne, Analysen von Gegnern, Spielen und dem Meta, Vorbereitung auf Gegner und Wettbewerbe, Planung eines geregelten Tagesablaufs (Ernährung, Ausgleichssport), Ambivalenz und Spannung, Symbolhandeln, Gegenwartsbezogenheit, Nichtalltäglichkeit, Freiheit und freiwillige Teilnahme, Nichtnotwendigkeit, Wiederholbarkeit und Unendlichkeit, Zweckfreiheit, aber Sinnstiftung, Selbstwirksamkeit, Selbstbewusstsein und Identitätsstiftung, Ästhetik.“[67]

Alle diese Merkmale würden sowohl E-Sport als auch Sport definieren. Dabei nimmt das Institut für Ludologie unter anderem Bezug auf Forschungsergebnisse der Sporthochschule Köln, die E-Sport auch im Hinblick auf Bewegungsaspekte als Sport sehen.[68] Darüber hinaus ist anzumerken, dass Definitionsmerkmale wie "Trainingspläne", "Wettkampforientierung" oder "Nichtalltäglichkeit" zwar auch Aspekte von Professionalität enthalten, aber ebenso im Breitensport vorhanden sind, bei dem es ebenso um Organisiertheit und Leistung gehen kann.

Die Anknüpfungspunkte an den traditionellen Sport sind insofern wichtig, da die Aufzählung dieser Definitionsmerkmale eine unmittelbare Reaktion auf ein vom DOSB in Auftrag gegebenes Rechtsgutachten gewesen ist, das E-Sport aus rechtlicher Perspektive nicht als Sport sieht,[69] und als dass das Institut diese Argumentation widerlegen wollte. Außerdem finden sich auch Merkmale des Spielbegriffs, wie er durch Schiller (1793-94) bestimmt worden ist: „Denn, um es endlich auf einmal herauszusagen, der Mensch spielt nur, wo er in voller Bedeutung des Worts Mensch ist, und er ist nur da ganz Mensch, wo er spielt.“[70] Das ist insofern relevant, um aufzuzeigen, dass das Spielen sowohl im Sport als auch im E-Sport von Bedeutung ist.

Weitere Definitionen, wie die in Marelić und Vukušić (2019), sehen, wie alle vorstehend genannten Definitionen, den Aspekt der Wettbewerbsorientierung als essentiell zur Definition von E-Sport. Allerdings wird hier E-Sport auch als Subkultur der Gaming-Szene beschrieben.[71]

Bei Vik-Hansen (2020) wiederum wird E-Sport als wettbewerbsorientiertes Gaming definiert, bei dem darüber hinaus die Aspekte der Unterhaltung von Menschen von großer Bedeutung sind. Zudem sind demnach für E-Sport physische Leistung, Wissen, Kompetenzen und Fähigkeiten von Bedeutung.[72]

Bei allen genannten E-Sport-Definitionen ließe sich eine stipulative Definition annehmen, wenn angenommen wird, dass der Begriff "E-Sport" nicht mehr jeweils (nur) neu eingeführt wird, sondern der Sprachgebrauch des Begriffs "E-Sport" immer wieder neu beziehungsweise anders geregelt wird.[73] Dies geschieht anhand unterschiedlicher und/oder ähnlicher konnotativer Definitionen, da so deutlich gemacht wird, welche Merkmale vorhanden sein müssen, um den E-Sport-Begriff bezeichnen zu können (Intension des Ausdrucks)[74] – was offenbar veränderbar ist.

Dies wird auch deutlich, wenn man sich ältere Ansätze anschaut, wie etwa in Hemphill (2005), hier spielt Wettbewerbsorientierung eine untergeordnete Rolle und es wird sich stattdessen auf folgende Aspekte konzentriert: „Physische Aktivität, ein hohes Maß an erforderlichen Fähigkeiten und kognitive Leistung.“[75]

Der Blick auf eine vergleichsweise frühe Definition von E-Sport, wie sie in Hemphill (2005) zu finden ist, zeigt, wie sich der Begriff E-Sport über die Jahre in seiner Definition präzisiert und verändert hat, wenn man ihr die jüngeren hier genannten Definitionsansätze gegenüberstellt. Das verdeutlicht, dass sich Definitionen verändern, anpassen und weiterentwickeln können.

Außerdem findet sich in frühen Definitionsansätzen des Begriffs "E-Sport" häufig keine Unterteilung in Disziplinen. Inzwischen hat sich dies verändert, wie bereits vorstehend erörtert worden ist. Häufig wird E-Sport mittlerweile als eigene Sportart beschrieben, die sich wiederum in unterschiedliche Einzelsportarten (Disziplinen) untergliedert, etwa die Genres Shooter und Echtzeitstrategiespiele,[76] ähnlich der Leichtathletik, die unter den Oberbegriff "Sport" fällt und sich gleichzeitig in Einzelsportarten auffächern lässt, etwa Kugelstoßen, Sprint oder Weitsprung.[77]

4.2 E-Sport-Definition: Zusammenfassung

Essentiell für E-Sport ist eine Wettbewerbsorientierung beim Spielen von Videospielen. Wettbewerb als Definitionsmerkmal findet sich direkt oder indirekt in allen für diesen Beitrag herangezogenen, neueren Literaturquellen. Diese Wettbewerbsorientierung grenzt E-Sport vom Gaming am stärksten ab. Das gilt für alle Genres und Disziplinen im E-Sport und daher für all jene digitalen Spiele, die wettbewerbsorientiert gespielt werden können. Das bedeutet, dass sobald beim Gaming ein wettbewerbsorientierter Charakter vorliegt, dies als E-Sport zu werten ist. Dabei muss keine Professionalität gegeben sein. So ist etwa das Spielen auf lokalen Veranstaltungen, bei denen ein kompetitiver Ansatz vorhanden ist, als E-Sport zu werten. Darüber hinaus geht es beim E-Sport um Effizienz und Leistung beim Spielen.[78]

Hinzu kommen weitere Faktoren. Hier sind gemäß Literatur vor allem feste Regeln und ein gewisser Grad an körperlicher Leistung zu nennen. Auch wird in der Literatur auf sportliche Aspekte verwiesen, die E-Sport vom Gaming unterscheiden. Da der Sportbegriff kaum allgemeingültig definierbar ist, wie unter Punkt 2.2 erörtert wird, ist der Verweis auf den Sportbegriff als Teil der E-Sport-Definition und zur Abgrenzung an dieser Stelle wenig zielführend. Darüber hinaus fußen viele Definitionen des Begriffs "E-Sport" auf den bereits schwer zu definierenden Begriffen "Spiel" und "Sport", was das Definitionsproblem hinsichtlich des Begriffs "E-Sport" zusätzlich verstärkt.

Ferner hat der E-Sport-Begriff sich über circa zwanzig Jahre entwickelt und dabei eine Wandlung durchlaufen.

5 Tabellarischer Abgleich von Sport, Gaming und E-Sport

Wie sich gezeigt hat, verwischen die Definitionsgrenzen zwischen Sport, Gaming und E-Sport immer wieder. In der folgenden Tabelle werden daher einige der beschriebenen und erörterten Definitionsmerkmale der Begriffe einander gegenübergestellt und verglichen. Eine Abwesenheit des jeweiligen Definitionsmerkmals beim jeweiligen Begriff ist rot markiert, eine Anwesenheit ist grün markiert. Dabei ist zu beachten, dass nicht alle Definitionsmerkmale bei jeder Definition des jeweiligen Begriffes vorkommen und teilweise auch kritikwürdig sind. Beispiele hierfür sind die Professionalität beim E-Sport und beim Sport, da diese im allgemeinen Sprachgebrauch und bei den meisten Definitionen kein Definitionsmerkmal ist, ebenso wie die Wettbewerbsorientierung beim Sport, da etwa im allgemeinen Sprachgebrauch auch etwas als Sport gelten kann, das keinem Wettbewerb unterliegt, beispielsweise, wenn jemand im Wald aus ‚Spaß an der Freude' joggt.

Darüber hinaus sind die Trennlinien bei einigen Definitionsmerkmalen in der Literatur nicht scharf und messbar ausdifferenziert. Eine körperliche Betätigung findet sich beispielsweise auch beim Gaming, da hier mithilfe von Eingabegeräten agiert wird. Bei der Wettbewerbsorientierung wiederum könnte man anführen, dass diese etwa auch bei einer lokalen Rivalität zwischen Gaming-Gruppen vorhanden sein kann, wenn man in einem Spiel bei einer lokalen Veranstaltung aufeinandertrifft, selbst, wenn die Veranstaltung keine kompetitive Ausrichtung hat. Auch bei der Messbarkeit von Ergebnissen kann angeführt werden, dass diese auch im Gaming vorhanden ist, etwa bei einem Scoreboard im Spiel oder bei Spielfortschritten. Daher werden in der folgenden Tabelle ausschließlich Merkmale der Begriffe von den genannten Definitionen aus diesem Beitrag behandelt. Dennoch gilt, dass die Grenzen bei der Abwesenheit respektive Anwesenheit eines Definitionsmerkmals fließend sein können. Es kann dabei angenommen werden, dass etwa die Intensität der Erfüllung eines Definitionsmerkmals bei den genannten Definitionen relevant ist. Während also beim Gaming körperliche Aspekte Berücksichtigung finden, ist die Intensität dieser Aspekte beim E-Sport höher. So schaffen E-Sportler*innen bis zu 400 Aktionen pro Minute und haben eine deutlich erhöhte Herzfrequenz, was bei Gamer*innen weniger erwartbar ist.[79]

Ein „X" in der Tabelle kennzeichnet, dass das Definitionsmerkmal mindestens in einer der erörterten Definitionen des jeweiligen Begriffes in diesem Beitrag von Relevanz ist.

Folgend werden die Gemeinsamkeiten und Unterschiede zusammengefasst:

Definitionsmerkmal	Sport	Gaming	E-Sport
Körperliche Betätigung / Körperlichkeit	X		X
Leistungsbezogenheit	X		X
Wettbewerbsorientierung	X		X
Vorbereitung / Training	X		X
Messbarkeit von Ergebnissen	X		X
Ethische Werte / Fairplay	X		X
Organisation / Strukturen	X		X
Kommerzialisierung der Handlung / Profibereich	X		X
Selbstzweck der Aktivität	X	X	X
Multidimensional (zum Beispiel mediale und ökonomische Aspekte)	X	X	X
Ästhetik, Ausdruck, Eleganz, Kreativität und Phantasie	X	X	X
Beitrag zu einem Bildungsauftrag	X	X	X
Gesamtgesellschaftliches / soziales Phänomen / Konstrukt / Kulturelle Aspekte	X	X	X
Normen / Regeln	X	X	X
Unterteilbarkeit in Kategorien / Genres	X	X	X
Freiwilligkeit	X	X	X
Spielen eines Spiels	X	X	X
Digitalisierung		X	X
Virtuelle Umgebung im Spiel		X	X
Verschiedene Plattformen / Eingabegeräte zur Ausübung		X	X
Symbolik der Handlung		X	X

Tabelle 1: Tabellarischer Abgleich Sport, Gaming und E-Sport. (Eigene Darstellung von Timo Schöber im Rahmen dieses Beitrags).

Sport und Gaming:

- 9 Gemeinsamkeiten
- 12 Unterschiede

Gaming und E-Sport:

- 13 Gemeinsamkeiten
- 8 Unterschiede

Sport und E-Sport:

- 17 Gemeinsamkeiten
- 4 Unterschiede

Es wird deutlich, dass der Begriff "Gaming" sich deutlich vom Begriff "Sport" unterscheidet, während der Begriff "E-Sport" mit den beiden anderen Begrifflichkeiten mehr Gemeinsamkeiten als Unterschiede aufweist. Hieraus ist ableitbar, dass E-Sport gemäß dieser Tabelle sowohl ein Teil des Gaming, als auch ein Teil des Sports ist, wobei die Gemeinsamkeiten mit dem Sport größer sind. Darüber hinaus wurde so die in diesem Beitrag aufgezeigte Abgrenzbarkeit der Begriffe "Gaming" und "E-Sport" verdeutlicht und bestätigt, da acht Unterschiede vorhanden sind.

Daraus wiederum ist ableitbar, dass E-Sport per Definition deutlich eher als Sport zu werten ist, als dass dies nicht der Fall ist. Drei der vier Unterschiede zwischen den Begriffen "Sport" und "E-Sport" (virtuelle Umgebung im Spiel, Plattformen/Eingabegeräte und Digitalisierung) beziehen sich direkt oder indirekt auf den digitalen beziehungsweise virtuellen Charakter des E-Sports. Das bedeutet, dass sich diese Unterschiede aufgrund der Neuartigkeit des E-Sports als digitales Phänomen ergeben und in älteren Sportdefinitionen, insbesondere jenen, bei denen die Digitalisierung keine oder eine untergeordnete Rolle in der Gesellschaft eingenommen hat, schon aufgrund des historischen Zusammenhangs keine Berücksichtigung gefunden haben können.

Abschließend bleibt festzustellen, dass E-Sport anhand der beschriebenen Definitionen deutlich mehr Gemeinsamkeiten als Unterschiede mit dem Begriff "Sport" hat und dass sich die Unterschiede zu einem großen Teil durch die Neuartigkeit des E-Sports als digitales/virtuelles Phänomen und daraus ableitbar per Definition neuartige Sportart ergeben. Es mutet daher merkwürdig an, dass sich insbesondere der DOSB einer Anerkennung des E-Sports als Sport vehement entgegenstellt.

An diese Anerkennung sind vielerlei praktische Folgen geknüpft, etwa die durch die Abgabenordnung geregelte Gemeinnützigkeit, die wiederum etwa mit steuerlichen Vorteilen einhergeht.[80] Daher ist die Betrachtung und der Abgleich der entsprechenden Begriffsdefinitionen von hoher Relevanz, auch im Abgleich mit dem Begriff "Gaming", um hier eine Abgrenzung der Phänomene "Gaming" und "E-Sport" sowie Gemeinsamkeiten der Begriffe "E-Sport" und "Sport" aufzuzeigen. Im Folgenden wird die Sicht des DOSB auf den E-Sport dargelegt, da dieser in Deutschland bei der Anerkennung einer Sportart eine herausragende Stellung einnimmt und darüber hinaus den E-Sport gleichzeitig kritisch bewertet.

6 Der DOSB und E-Sport

Durch die Autonomie des Sports und die Rolles des DOSB darüber entscheiden zu können, was offiziell in Deutschland als Sport anerkannt wird, ist für diesen Beitrag eine Betrachtung der Position des DOSB zum E-Sport relevant.

Grundsätzlich beschäftigt sich der DOSB häufig eher mit der Frage, ob E-Sport in seiner Gesamtheit unter das Dach des organisierten Sports passt oder nicht.[81] Dabei wird nicht immer auf die Frage eingegangen, ob E-Sport nun Sport sei oder nicht, sondern eher auf die Einordnung von E-Sport im Hinblick auf die Statuten des DOSB. Die Positionierung des DOSB im Hinblick auf den E-Sport ist im ersten Schritt also nicht, ob E-Sport per Definition als Sport zu werten ist, sondern vielmehr die Frage, ob E-Sport unter das Dach des DOSB passt.

Nichtsdestotrotz beschäftigt sich der DOSB häufig mittelbar mit der Sportfrage im Hinblick auf den E-Sport. Dies wird etwa durch das Auftragsgutachten zur Einordnung des E-Sports im rechtlichen Sinne deutlich,[82] das auch medial als Positionierung des DOSB gegen eine Einordnung von E-Sport als Sport aufgefasst worden ist.[83] In Summe lehnt der DOSB E-Sport als Sport also ab.

Dennoch nimmt der DOSB eine Kategorisierung der einzelnen Genres von Videospielen im Hinblick auf ihre Einordnung im Sinne des Verbandes vor, wie folgend grafisch dargestellt ist:[84]

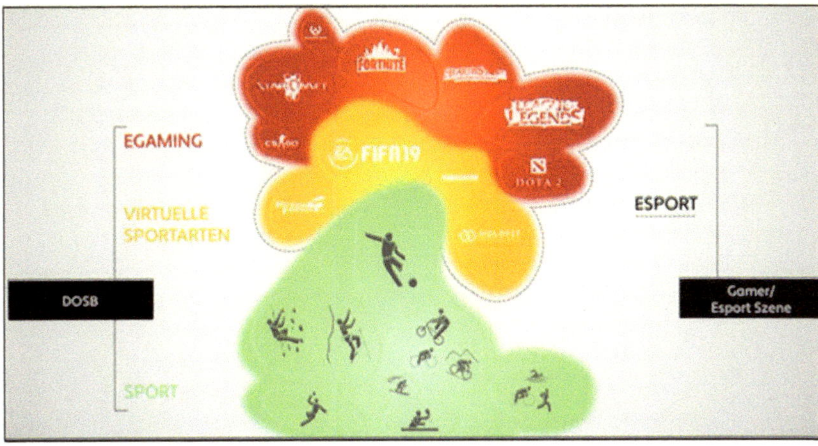

Abb. 1: Differenzierung des DOSB von E-Sport und eGaming. Deutscher Olympi-scher Sportbund (DOSB): DOSB und "eSport" - kurz erklärt.

Der Begriff "eGaming" findet weltweit nur beim DOSB Verwendung, es handelt sich also um eine Minderheitenmeinung, und meint alle Videospiele außer Sportsimulationen. Virtuelle Sportsimulationen wiederum seien laut DOSB anders zu bewerten als andere Videospiele. Diese könnten theoretisch im DOSB organisiert sein, weil sie zumindest Sport simulieren würden. Eine Aufnahme von Sportsimulationen in den DOSB ist bisher aber nicht erfolgt. Grundsätzlich sei E-Sport in seiner Gänze aber kein Sport, vor allem, weil beim E-Sport nicht das Gemeinwohl im Vordergrund stünde, die Regeln nicht demokratisch erarbeitet würden und das Töten von virtuellen Gegner*innen auf dem Bildschirm bei vielen Spielen mit den ethischen Werten des Sports des DOSB unvereinbar sei.[85] Die Positionierung des DOSB zum E-Sport erscheint teilweise also widersprüchlich. Einerseits könnten Sportsimulationen im DOSB organisiert sein, andererseits führt der DOSB Argumente gegen den E-Sport an, die auch für Sportsimulationen gelten, etwa, dass E-Sport keine demokratisch erarbeiteten Regeln hätte. Schließlich bestimmen die Feinheiten einzelner Regeln in Sportsimulationen die Publisher, wie in anderen Videospielen auch.

Zu den vom DOSB angebrachten Kritikpunkten am E-Sport ist anzumerken, dass im traditionellen Sport ebenso gewinnorientierte Unternehmen aktiv sind, etwa Sportausrüster wie Adidas, Puma und Nike[86] , ebenso wie Medienunternehmen wie Sky oder DAZN.[87] Gleichzeitig wird der DOSB selbst von gewinnorientierten Unternehmen unterstützt, etwa Adidas und Toyota.[88] Aus diesem Grund ist fraglich, ob dem „Gemeinwohl" in der Praxis wirklich ein so hoher Stellenwert zukommt, wie vom DOSB angeführt, auch, wenn Aspekte der Jugendarbeit und des Ehrenamts durchaus vorhanden sind. Diese finden sich allerdings auch im Breitensportbereich des E-Sports.

Außerdem werden auch die Regeln im traditionellen Sport nicht zwangsläufig demokratisch erarbeitet, sondern sie ergeben sich auch aus historischen Entwicklungen oder dem Aspekt, dass Sport für Zuschauer*innen attraktiv sein soll.[89] Beim Thema Gewalt werden bestimmte Videospiele vom DOSB abgelehnt. Gleichzeitig sind im DOSB die Spitzenverbände von Sportarten wie Karate, Schützensport, Kickboxen und Boxen organisiert.[90] An dieser Stelle könnte man anmerken, dass der Grad der Gewaltdarstellung relevant sein könnte, der allerdings durch die Verlagerung der Gewaltdarstellung in ein spielerisches Umfeld und die sportliche Veranlagung der Rezipient*innen ausgehebelt wird.

Kritisch am E-Sport anzumerken ist jedoch, dass die Spiele, also quasi die Sportarten, jemandem gehören, nämlich den Publishern.[91] Das stattet die Publisher mit einer erheblichen Machtfülle aus, etwa bei der Vergabe von Lizenzen für Wettbewerbe.[92] Darüber hinaus agieren Publisher mit Geschäftsmodellen, die auf Gewinnmaximierung ausgelegt sind und dabei mit unterschiedlichen Mustern arbeiten, die teilweise kritikwürdig sind, weil sie etwa eine Geldillusion erzeugen und Spieler*innen, vor allem junge Menschen, zum Ausgeben von Geld anregen.[93]

In Summe ist dennoch festzuhalten, dass die vom DOSB gegen den E-Sport ins Feld geführten Argumente um E-Sport nicht als Sport anzuerkennen paradox im Hinblick auf die bereits vorhandenen Strukturen des DOSB und die ökonomischen Systeme vieler Sportarten, die sich im DOSB organisieren, sind. Darüber hinaus lässt der DOSB die im Beitrag erörterte Breitensportlandschaft des E-Sports außer Acht.

Die Weigerung des DOSB E-Sport in seiner Gänze als Sport anzuerkennen dürfte mit vielerlei Folgen, die mutmaßlich an eine Anerkennung geknüpft wären, zusammenhängen. Hierunter fällt insbesondere offenbar die Befürchtung seitens des DOSB, dass E-Sport durch eine Anerkennung als Sport an staatlich finanzierte Fördertöpfe für den Sport gelangen könnte.[94] Somit könnte die ablehnende Haltung nicht nur ideologisch motiviert sein, sondern vor allem der Verhinderung von Verteilungskämpfen dienen. Beides würde aber darauf hindeuten, dass es eigentlich nicht darum geht, ob und inwiefern E-Sport wirklich Sport ist. Dies erscheint hier eher als ein vorgeschobenes Argument, auch, wenn die Frage, ob E-Sport Sport sei oder nicht, vom DOSB häufig nur mittelbar behandelt wird.

7 Diskussion: Ist E-Sport per Definition Sport?

Ist E-Sport per Definition Sport? Das hängt von der jeweiligen Sportdefinition gemäß Literatur ab. Außerdem davon, wie der Sportbegriff individuell oder kollektiv definiert und genutzt wird, was sich je nach Person, Land und Organisation stark unterscheiden kann.[95]

Legt man jedoch große Teile der Literatur zum Sportbegriff und zum E-Sport zugrunde, dann wäre E-Sport per Definition größtenteils als Sport zu werten, weil Wettbewerb, Leistungsbezogenheit und feste Regeln bei beiden Phänomenen grundlegende Definitionsmerkmale sind.[96] Das gilt auch für die aus diesen Definitionsmerkmalen indirekt resultierenden Aspekte, etwa die Notwendigkeit von Training.

Darüber hinaus spielen bei beiden Phänomenen körperliche Aspekte und Aktivität eine entscheidende Rolle. Auch lassen sich E-Sport und traditioneller Sport in unterschiedliche Disziplinen gliedern.[97]

Je nach Quelle werden darüber hinaus weitere Merkmale genannt, die sich im traditionellen Sport und im E-Sport finden lassen, etwa eine Freiwilligkeit bei der Ausübung sowie Grundwerte, beispielsweise Fairplay.

Dass E-Sport in Deutschland bisher nicht flächendeckend als Sport gesehen wird, dürfte auch an der umgangssprachlichen Verwendung der Begriffe liegen, insbesondere an der Fehleinschätzung vieler, dass Sport sich primär oder ausschließlich über die Körperlichkeit definieren würde und diese beim E-Sport gleichzeitig nicht vorhanden sei. Die erörterten Definitionen der Begriffe machen deutlich, dass es sich hierbei um eine

Fehleinschätzung im allgemeinen Sprachverständnis handelt.

Popper (1994) beschreibt, dass die Verwendung eines Begriffs dessen Definition vorgibt: „Nicht durch die Definition wird die Anwendung eines Begriffes festgelegt, sondern die Verwendung des Begriffes legt das fest, was man seine ‚Definition' oder seine ‚Bedeutung' nennt. Anders ausgedrückt: Es gibt nur Gebrauchsdefinitionen."[98] Daraus lässt sich die Vermutung ableiten, dass E-Sport in der deutschen Gesellschaft zukünftig mehr und mehr als Sport wahrgenommen werden wird, wenn der Begriff "E-Sport" im sportlichen Kontext vermehrt Verwendung findet. Diese Entwicklung zeigt sich bereits gegenwärtig, etwa durch die Einordnung des E-Sports bei deutschen Medienanstalten im sportlichen Kontext. So finden sich E-Sport Inhalte beispielsweise beim Sportsender *SPORT1*,[99] dem Fußball-Magazin *kicker*[100] und der Sportzeitschrift *Sport Bild*.[101] Daher ist die Einordnung des DOSB, ob E-Sport Sport ist oder nicht, zwar praxisrelevant, weil daran etwa Möglichkeiten zur Gemeinnützigkeit des E-Sports geknüpft sind. Im allgemeinen Sprachgebrauch oder dem, was Menschen unter Sport verstehen, spielt die Meinung des DOSB aber nur eine von vielen Rollen, da Sport das ist, was Menschen mit dem Begriff meinen, wenn sie ihn verwenden.[102]

8 Fazit

Sport ist weniger eng und klar definiert als E-Sport. E-Sport definiert sich primär durch Wettbewerb, die virtuelle Umgebung und Regeln, während der Sportbegriff sehr mannigfaltig in seinen Definitionsausprägungen ist. Folgt man den Sportdefinitionen, die Sport auch durch Wettbewerb, Regeln und Leistungsbezogenheit definieren, dann passt E-Sport insgesamt unter den Sportbegriff. Dies gilt auch hinsichtlich von Bewegungsaspekten. Erweitert man die Sportdefinition um zusätzliche Aspekte, etwa eine rechtliche Perspektive (s. u.), dann ist die Frage, ob E-Sport als Sport zu werten ist oder nicht, deutlich streitbarer. Insgesamt ist aus den Erkenntnissen dieses Beitrags festzustellen, dass E-Sport deutlich eher als Sport zu definieren ist als nicht unter den Sportbegriff zu fallen. Zumal der in Deutschland wahrscheinlich bekannteste Kritiker des E-Sports als Sport, nämlich der DOSB, keine eigene geschlossene Sportdefinition verwendet und es dementsprechend kritikwürdig ist, dass E-Sport ohne eigene Sportdefinition durch den DOSB als Sport abgelehnt wird.

Eine Anerkennung des E-Sports als Sport würde mit zahlreichen rechtlichen Folgen einhergehen. Unter anderem würde E-Sport unter §52 (2) Nr. 21 der Abgabenordnung fallen.[103] Somit könnten E-Sport-Vereine als gemeinnützig gelten, was unter anderem steuerliche Vorteile hätte, den Zugang zu einer staatlichen Förderung erleichtern würde und auch die gesellschaftliche Wahrnehmung des E-Sports verändern könnte. Darüber hinaus würden traditionelle Sportvereine mit einer E-Sport-Sparte nicht ihre Gemeinnützigkeit riskieren. Daher ist die Diskussion, ob E-Sport als Sport zu werten sei oder nicht auch mit einer hohen praktischen Relevanz verknüpft. Gegenwärtig besteht keine Rechtssicherheit für zum Beispiel traditionelle Sportvereine, die eine E-Sport-Sparte eröffnen möchten, da sie somit etwas in ihre Struktur implementieren würden, das nicht als gemeinnützig gilt – und somit könnte jeder dieser Vereine die Gemeinnützigkeit gefährden.[104]

Gerade aufgrund der Überschneidung der Definitionen von Sport und E-Sport, die auch durch die Vagheit des Kompositums bedingt ist, steht einer Einordnung von E-Sport als Sport wenig entgegen, außer Ressentiments und wirtschaftliche Interessen. Die Summe an Indizien, um E-Sport als Sport einordnen zu können, ist enorm. Daher ist E-Sport per Definition eher als Sport zu werten, als dass eine Einordnung von E-Sport als Sport unzulässig wäre. Nicht zuletzt wird dies auch dadurch deutlich, dass E-Sport im internationalen Kontext vielfach offiziell als Sport eingeordnet wird, während dies in Deutschland, vorwiegend aufgrund des DOSB, von offizieller Seite noch nicht erfolgt ist. Die Gründe hierfür liegen offenbar weniger in einer ergebnisoffenen Beschäftigung des DOSB mit E-Sport als Sport, als vielmehr in verbandspolitischen Interessen.[105]

Medienverzeichnis

Abbildungen

Titelbild: Ella Don, Unsplash.

Abb. 1: Differenzierung des DOSB von E-Sport und eGaming. Deutscher Olympischer Sportbund (DOSB): *DOSB und "eSport" - kurz erklärt*. 2020a, S. 7. <https://cdn.dosb.de/UEber_uns/eSport/Kurz_erklaert_DOSB_und_eSport.pdf> [20.08.2020].

Tabellen

Tabelle 1: *Tabellarischer Abgleich Sport, Gaming und E-Sport*. (Eigene Darstellung von Timo Schöber im Rahmen dieses Beitrags).

Texte

Andrade, Adriano; Qiang, Sheng: *eSports Guide*. 2019, S. 4-11. <https://www.dropbox.com/s/wzzrg2uev4gs3si/eSports%20Guide.pdf?dl=0> [21.02.2021].

Balzer, Wolfgang: *Die Wissenschaft und ihre Methoden. Grundsätze der Wissenschaftstheorie.* 2. Auflage. Freiburg / München: Verlag Karl Alber GmbH 2009.

Berlin-Brandenburgische Akademie der Wissenschaften (BBAW): *Sport*. 2020. <https://www.dwds.de/wb/Sport> [17.01.2021].

Boisson, Ron: *Die Welt des Homo ludens digitalis*. 2015, S. 1-4. <http://www.deutsches-museum.de/fileadmin/Content/010_DM/060_Verlag/060_KuT/2015/1_15_Spiel/30-33Boisson_RZ.pdf> [15.08.2020].

Borggrefe, Carmen: *Schriftliche Stellungnahme im Rahmen der Anhörung zum Thema "Entwicklung des E-Sports in Deutschland"*. 2018, S. 4-6. <https://cdn.dosb.de/user_upload/www.dosb.de/uber_uns/eSport/stellungnahme-borggrefe-data.pdf> [10.03.2021].

Bundesamt für Justiz: *Abgabenordnung (AO) § 52 Gemeinnützige Zwecke*. 2020. <https://www.gesetze-im-internet.de/ao_1977/__52.html> [26.06.2020].

Burk, Verena; Fahrner, Marcel: *Einführung in die Sportwissenschaft*. 2. Auflage. Stuttgart: utb GmbH 2020.

Caillois, Roger: *Die Spiele und die Menschen. Maske und Rausch*. Durchgesehene und erweiterte Ausgabe. Berlin: Matthes & Seitz 2017.

Deeg, Christoph: *Gaming und Bibliotheken*. München: De Gruyter Saur 2014.

Deutscher Olympischer Sportbund (DOSB): *Unser Leitbild*. 2017, S. 11. <https://cdn.dosb.de/user_upload/www.dosb.de/uber_uns/Mitgliederversammlung/Koblenz_2017/TOP_12_Anlage_Leitbild_MV_2017.pdf> [29.04.2020].

Deutscher Olympischer Sportbund (DOSB): *DOSB UND "ESPORT"*. 04.02.2018. <https://www.dosb.de/ueber-uns/esport/> [01.02.2020].

Deutscher Olympischer Sportbund (DOSB): *Mitgliedsorganisationen*. 2020b. <https://www.dosb.de/ueber-uns/mitgliedsorganisationen/> [27.06.2020].

Deutscher Olympischer Sportbund (DOSB): *Spitzenverbände*. 2020c. <https://www.dosb.de/ueber-uns/mitgliedsorganisationen/spitzenverbaende/?Spitzenverb%C3%A4nde=> [27.06.2020].

Deutsche Sporthochschule Köln (DSHS Köln): *Ist E-Sport wirklich ein Sport?*. 13.04.2019. <https://fis.dshs-koeln.de/portal/de/clippings/ist-esport-wirklich-ein-sport(58a8037c-0192-42d0-b1ed-6d922004b011).html> [28.03.2020].

Digel, Helmut: *Modernes Training im Sport.* Darmstadt: Institut für Sportwissenschaft der Technischen Hochschule Darmstadt, Darmstädter Sport-Forum 1990.

Djaouti, Damien; et al.: *A Gameplay Definition through Videogame Classification*. In: *International Journal of Computer Games Technology*. 2008, S. 1-3.

dpa: *Experten üben Kritik am E-Sport-Rechtsgutachten des DOSB*. In: *Zeit Online*. 28.08.2019. <https://www.zeit.de/news/2019-08/28/experten-ueben-kritik-am-e-sport-rechtsgutachten-des-dosb> [22.03.2021].

Eberle Consulting GmbH & Co. KG: *eSport*. 2019. <https://esport-gaming.com/esport/#:~:text=Am%20Ende%20der%201990er%20Jahre,Campus%20der%20Stanford%20University%20statt.> [20.08.2020].

Egenfeldt-Nielsen, Simon: *Overview of research on the educational use of video games*. In: *Nordic Journal of Digital Literacy*. Jg. 2006, H. 1, S. 184-213.

Egenfeldt-Nielsen, Simon; et al.: *Understanding Video Games. The Essential Introduction*. 4. Edition. London: Taylor & Francis 2020, S. 157-201.

ESBD – eSport-Bund Deutschland e.V.: *Über den ESBD*. 2020a. <https://esportbund.de/verband/ueber-den-esbd/> [20.02.2020].

ESBD – eSport-Bund Deutschland e.V.: *Was ist eSport?*. 2020b. <https://esportbund.de/esport/was-ist-esport/> [20.02.2020].

Esposito, Nicolas: *A Short and Simple Definition of What a Videogame Is*. Vancouver: Digital Games Research Conference 2005, S. 2.

Fachstelle für Jugendmedienkultur NRW (fjmk): *eSport ist Breitensport*. 2020. <https://www.spieleratgeber-nrw.de/site.1467.de.1.html> [17.01.2021].

Fidor Bank AG: *Das Milliarden-Game*. 04.07.2019. <https://www.fidor.de/blog/gaming#:~:text=2%2C2%20Milliarden%20Menschen%20weltweit,so%20das%20US%2DMarktforschungsunternehmen%20Newzoo> [14.08.2020].

Fischer, Peter: *Rechtsfragen einer Anerkennung des e-Sports als gemeinnützig*. 2019, S. 4-14. <https://cdn.dosb.de/user_upload/www.dosb.de/uber_uns/eSport/Gutachten_eSport.pdf> [26.04.2020].

fonial GmbH: *Geschichte des Internets*. 2020. <https://www.fonial.de/wissen/begriff/geschichte-des-internets/> [13.08.2020].

Fröhlich, Petra: *„Angriff auf Autonomie des Sports“: DOSB rügt Koalitionsvertrag – Update*. In: *Gameswirtschaft*. 22.03.2018. <https://www.gameswirtschaft.de/sport/dosb-

autonomie-sport-koalitionsvertrag-esport/> [17.02.2021].

Fröhlich, Petra: *DOSB-Gutachten: eSport ist kein Sport (Update).* In *Gameswirtschaft.* 27.08.2019. <https://www.gameswirtschaft.de/sport/dosb-gutachten-esport-kein-sport/> [09.03.2021].

game – Verband der deutschen Games-Branche e. V.: *eSports wird zum Breitensport.* 22.01.2018. <https://www.game.de/esports-wird-zum-breitensport/> [17.01.2021].

game – Verband der deutschen Games-Branche e. V.: *Fokus eSports.* 2019, S. 41. <https://www.game.de/wp-content/uploads/2019/08/2019-08-16_Gesamtdokument_game-Fokus-eSports.pdf> [29.05.2020].

Glaser, Tim: *Dota 2 und die Konvergenz von spielerischer Arbeit und effizientem Spiel. E-Sport, paratextuelle Industrien und Plattformisierung.* In: *PAIDIA - Zeitschrift für Computerspielforschung.* 21.01.2021. <https://www.paidia.de/dota-2-und-die-konvergenz-von-spielerischer-arbeit-und-effizientem-spiel-e-sport-paratextuelle-industrien-und-plattformisierung/> [14.03.2021].

Güllich, Arne/Krüger, Michael: *Sport: Das Lehrbuch für das Sportstudium (Bachelor).* Berlin Heidelberg: Springer Spektrum 2013.

Hale, Bob: *Essence and definition by abstraction.* In: *Synthese. An International Journal for Epistemology, Methodology and Philosophy of Science.* 07.03.2018. <https://doi.org/10.1007/s11229-018-1726-7> [23.03.2021].

Heinemann, Klaus: *Einführung in die Soziologie des Sports.* 5. Auflage. Schorndorf: Hofmann-Verlag GmbH & Co. KG 1980/2007.

Hemphill, Dennis: *Cybersport.* In: *Journal of the Philosophy of Sport.* Jg. 2005, H. 32, S. 195-207.

Huizinga, Johan: *Homo ludens.* Amsterdam: Pantheon 1939.

International Esports Federation (IeSF): *About Esports.* 2020. <https://www.ie-sf.org/esports/> [26.02.2020].

Institut für Ludologie: *eSports, Wettbewerbsorientierte Sportarten mit digitalen Spielen.* 2020. <https://www.ludologie.de/spiele/esports/> [19.04.2020].

Institut für Ludologie: *Johan Huizinga (1872-1945): Homo ludens – Spiel als Ursprungsort von Kultur.* 05.01.2016. <https://www.ludologie.de/multiplayer/detailansicht/ne

ws/johan-huizinga-1872-1945-homo-ludens-spiel-als-ursprungsort-von-kultur/> [22.01.2021].

ISPO.com: *Nur noch FC Bayern trägt Adidas: Die Ausrüster der Saison 2018/19*. In: *ISPO Netzwerk*. 24.08.2018. <https://www.ispo.com/unternehmen/das-sind-die-trikot-ausruester-der-bundesliga-saison-2018/19> [08.03.2021].

Jang, Wooyoung/Byon, Kevin: *Antecedents of esports gameplay intention: Genre as a moderator*. In: *Computers in Human Behavior*. Jg. 2020, H. 109, S. 3-4. <https://www.sciencedirect.com/science/article/abs/pii/S074756322030090X> [21.02.2021].

kicker.de: *ESPORT*. In: *kicker.de*. 2020. <https://www.kicker.de/esport/startseite> [20.08.2020].

Kobbert, Max J.: *Kulturgut Spiel*. Münster: Daedalus 2010.

Lorber, Martin: *eSport: Die Disziplinen*. In: *Ein Blog für digitale Spielkultur (EA)*. 08.08.2015. <https://spielkultur.ea.de/themen/gaming-und-communities/disziplinen-im-esport/> [20.06.2020].

Marelić, Marko/Vukušić, Dino: *E-sports: Definition and social implications*. In: *EQOL Journal*. Jg. 2019, H. 11(2), S. 47-54.

Medjahed, Ikram, Soumia/Marwan, Messaoudi: *Narrative Videogames: The Literary Genre of the Digital Age*. Tlemcen: University of Tlemcen 2018, S. 26 und S. 32-34.

Milewski, Michel: *KRONE DES DEUTSCHEN EFOOTBALLS. Der Favoritencheck zum Finale der Virtual Bundesliga.* In: *Sport Bild.* 24.06.2020. <https://sportbild.bild.de/fifa/2020/e-sport/vbl-virtual-bundesliga-grand-final-favoriten-71471542.sport.html> [15.02.2021].

Miroff, Max: *Tiebreaker: An Antitrust Analysis of Esports*. In: *Columbia Journal of Law and Social Problems*. Jg. 2018, H. 52, S. 178-186. < http://jlsp.law.columbia.edu/wp-content/uploads/sites/8/2019/01/Vol52-Miroff.pdf> [21.02.2021].

Mittweg, Christian: *Warum eSport-Vereine auf die Gemeinnützigkeit drängen.* In: *kicker.de.* 09.01.2020. <https://www.kicker.de/766760/artikel> [26.06.2020].

Neitzel, Britta: *Narrativity of Computer Games*. In: Hühn, Peter; et al. (Hg.): *Handbook of Narratology*. 2. Auflage. Berlin: De Gruyter 2014, S. 608-622.

Newzoo: *Global esports market report 2019*. Amsterdam, San Francisco, Shanghai: Newzoo 2019, S. 6.

NFL: *The history of the rules.* 2020. <https://operations.nfl.com/the-rules/evolution-of-the-nfl-rules/> [17.08.2020].

Parry, Jim: *E-sports are Not Sports*. In: *Sport, Ethics and Philosophy*. Jg. 2019, H. 13, S. 3-18.

Pawlowski, Tadeusz: *Begriffsbildung und Definition*. Berlin, New York: Walter des Gruyter & Co. 1980.

Pierdzioch, Christian; et al.: *Die optimierende Diktatur: Politische Stabilisierung durch staatlich verordnetes Doping am Beispiel der DDR*. Hamburg: Helmut-Schmidt-Universität Hamburg, Department of Economics, Fächergruppe Volkswirtschaftslehre 2012, S. 10-18.

Popper, Karl: *Die beiden Grundprobleme der Erkenntnistheorie. Aufgrund von Manuskripten aus den Jahren 1930–1933*. 2. Auflage. Tübingen: Mohr Siebeck 1994.

Preuß, Holger; et al.: *Sport als Wirtschaftsbranche*. Wiesbaden: Springer Gabler 2012.

Schneider, Andre; Wendeborn, Thomas: *eSport an Hochschulen. Eine Studie zur Intention und Einstellung von Studierenden zur Nutzung von digitalen Spielen im Hochschulsport*. Berlin: 24. Sportwissenschaftlicher Hochschultag der Deutschen Vereinigung für Sportwissenschaft (dvs) 2019, S. 18-19.

Sinn, Ulrich: *Olympia - Kult, Sport und Fest in der Antike*. 2. Auflage. München: Verlag C.H.Beck 2002.

Schiller, Friedrich; Berghahn, Klaus: *Über die ästhetische Erziehung des Menschen: In einer Reihe von Briefen*. 4. Auflage. Ditzingen: Reclam, Philipp, jun. GmbH 2000.

Schöber, Timo: *Bildschirm-Athleten*. Norderstedt: Books on Demand 2018.

Schöber, Timo: *Wie sich E-Sports als Breitensport etabliert haben*. In: *t3n – digital pioneers | Das Magazin für digitales Business*. 21.09.2019, S. 1-2. <https://t3n.de/news/e-sports-breitensport-etabliert-1198808/> [11.08.2020].

Schöber, Timo; Junge, Jens: *eSports Leitfaden 2020*. Dollerup: Flying Kiwi Media 2020.

Sky: *Sky kooperiert mit DAZN in Sky Sportsbars*. 2018. <https://www.sky.de/hilfecenter/sport/sky-kooperiert-mit-dazn-in-sky-sportsbars-1001179> [21.07.2020].

SPORT1: *eSports*. In: *sport1.de*. 2020. <https://www.sport1.de/esports> [20.08.2020].

Stadtmann, Georg; Schöber, Timo: *Fortnite: The business model pattern behind the scene*. In: *Die Unternehmung*. Jg. 2020, H. 04/2020, S. 439.

Streppelhoff, Robin: *E-Sport und Serious Games: Videospiele im Sportkontext. Eine Bibliographie*. Bonn: Bundesinstitut für Sportwissenschaft 2018, S. 5-8.

Sutula, Vasil: *General Definition of the Concept Sports*. In: *Journal of Physical Fitness, Medicine & Treatment in Sports*. Jg. 2018, H. 4, S. 2.

Tiedemann, Claus: *"Sport" - Vorschlag einer Definition*. 26.10.2020, S. 1. <http://sport-geschichte.de/tiedemann/documents/sportdefinition.html> [19.02.2021].

VfB Fallersleben e.V.: *Was ist Leichtathletik?*. 2020. <http://www.vfb-fallersleben.de/abteilungen/leichtathletik/foxi/was-ist-leichtathletik/> [11.06.2020].

Vik-Hansen, Rune: *An argument for gaming (e-sports) as sports and athletics*. 2020, S. 2-5. <https://www.academia.edu/41813700/An_argument_for_gaming_e_sports_as_sports_and_athletics> [21.02.2021].

Wagner, Michael: *On the Scientific Relevance of eSports*. Las Vegas: Proceedings of the 2006 International Conference on Internet Computing & Conference on Computer Games Development 2006, S. 1-3.

Walter, Jonas: *design akademie berlin widerspricht DOSB Gutachten*. In: *Gaming-Grounds.de*. 28.08.2019, S. 1. <https://www.gaming-grounds.de/design-akademie-berlin-widerspricht-dosb-gutachten/> [04.04.2020].

Weiler, Ingomar: *Gymnastik und Agonistik im hellenistischen Gymnasion*. In: Kah, Daniel; Scholz, Peter (Hg.): *Das hellenistische Gymnasion*. 2. Auflage. Berlin: Akademie Verlag GmbH 2007, S. 25-46.

Willimczik, Klaus: *eSport „ist" nicht Sport – eSport und Sport haben Bedeutungen*. In: *German Journal of Exercise and Sport Research*. Jg. 2019, H. 49, S. 78-90. <https://doi.org/10.1007/s12662-019-00569-2> [21.02.2021].

Wittmann, Norman: *Razer Hypersense: Vibrierende Mäuse, Headsets und Stühle für mehr Immersion*. In: *PC Games Hardware*. 11.01.2019. <https://www.pcgameshardware.de/Hardware-Thema-130320/News/Razer-Hypersense-vibrierende-Maeuse-Headsets-und-Stuehle-fuer-mehr-Immersion-1273072/> [21.01.2021].

Videos

Das Erste, W wie Wissen: *Ist E-Sport wirklich ein Sport?*. 2019, 00:01:57. <https://www.daserste.de/information/wissen-kultur/w-wie-wissen/videos/esport-video-100.html> [17.02.2021].

Fußnoten

1. Schneider; Wendeborn: eSport an Hochschulen. 2019, S. 18-19.[↩]

2. game: Fokus eSports. 2019, S. 41. <https://www.game.de/wp-content/uploads/2019/08/2019-08-16_Gesamtdokument_game-Fokus-eSports.pdf> [29.05.2020].[↩]
3. Fröhlich: „Angriff auf Autonomie des Sports“. 2018. <https://www.gameswirtschaft.de/sport/dosb-autonomie-sport-koalitionsvertrag-esport/> [17.02.2021].[↩]
4. Pierdzioch; et al.: Die optimierende Diktatur. 2012, S. 10-18.[↩]
5. DOSB: DOSB UND "ESPORT". 2018. <https://www.dosb.de/ueber-uns/esport/> [01.02.2020].[↩]
6. Sutula: General Definition of the Concept Sports. 2018, S. 2.[↩]
7. Ebd.[↩]
8. Burk; Fahrner: Einführung in die Sportwissenschaft. 2020, S. 17.[↩]
9. Ebd., S. 13-52 und S. 73-97.[↩]
10. Ebd., S. 30-35.[↩]
11. BBAW: Sport. 2020. <https://www.dwds.de/wb/Sport> [17.01.2021]. [↩]
12. Burk; Fahrner: Einführung in die Sportwissenschaft. 2020, S. 27.[↩]
13. Ebd., S. 13-52 und S. 73-97.[↩]
14. Ebd., S. 25-26.[↩]
15. Ebd., S. 29-30. [↩]
16. Digel: Modernes Training im Sport. 1990, S. 77.[↩]
17. Heinemann: Einführung in die Soziologie des Sports. 1980/2007, S. 53-84.[↩]
18. Güllich; Krüger: Sport: Das Lehrbuch für das Sportstudium. 2013, S. 10-11.[↩]
19. Tiedemann: "Sport". 2020, S. 1. <http://sport-geschichte.de/tiedemann/documents/sportdefinition.html> [19.02.2021].[↩]
20. DOSB: Unser Leitbild. 2017, S. 11. <https://cdn.dosb.de/user_upload/www.dosb.de/uber_uns/Mitgliederversammlung/Koblenz_2017/TOP_12_Anlage_Leitbild_MV_2017.pdf> [29.04.2020].[↩]
21. Fröhlich: „Angriff auf Autonomie des Sports“. 2018. <https://www.gameswirtschaft.de/sport/dosb-autonomie-sport-koalitionsvertrag-esport/> [17.02.2021].[↩]

22. Fischer: Rechtsfragen einer Anerkennung des e-Sports. 2019, S. 4-14. <https://cdn.dosb.de/user_upload/www.dosb.de/uber_uns/eSport/Gutachten_eSport.pdf> [26.04.2020].[↩]
23. Willimczik: eSport „ist“ nicht Sport. 2019, S. 78-90.[↩]
24. Parry: E-sports are Not Sports. 2019, S. 3-18.[↩]
25. Preuß; et al.: Sport als Wirtschaftsbranche. 2012, S. 37.[↩]
26. BBAW: Sport. 2020. <https://www.dwds.de/wb/Sport> [17.01.2021].[↩]
27. Sinn: Olympia. 2002, S. 7-8 und S. 33-35.[↩]
28. Weiler: Gymnastik und Agonistik im hellenistischen Gymnasion. 2007, S. 25-46.[↩]
29. Deeg: Gaming und Bibliotheken. 2014, S. 6.[↩]
30. Djaouti; et al.: A Gameplay Definition through Videogame Classification. 2008, S. 1-3.[↩]
31. Medjahed; Marwan: Narrative Videogames. 2018, S. 26 und S. 32-34.[↩]
32. Esposito: A Short and Simple Definition of What a Videogame Is. 2005, S. 2. [↩]
33. Neitzel: Narrativity of Computer Games. 2014, S. 608-622.[↩]
34. Wittmann: Razer Hypersense. 2019. <https://www.pcgameshardware.de/Hardware-Thema-130320/News/Razer-Hypersense-vibrierende-Maeuse-Headsets-und-Stuehle-fuer-mehr-Immersion-1273072/> [21.01.2021]. [↩]
35. Boisson: Die Welt des Homo ludens digitalis. 2015, S. 1-4. <http://www.deutsches-museum.de/fileadmin/Content/010_DM/060_Verlag/060_KuT/2015/1_15_Spiel/30-33Boisson_RZ.pdf> [15.08.2020].[↩]
36. Huizinga: Homo ludens. 1939.[↩]
37. Kobbert: Kulturgut Spiel. 2010, S. 11-32.[↩]
38. Huizinga: Homo ludens. 1939, S. 37.[↩]
39. Caillois: Die Spiele und die Menschen. 2017, S. 23-66 und S. 97-160. Sowie: Institut für Ludologie: Johan Huizinga (1872-1945). 2016. <https://www.ludologie.de/multiplayer/detailansicht/news/johan-huizinga-1872-1945-homo-ludens-spiel-als-ursprungsort-von-kultur/> [22.01.2021].[↩]
40. Streppelhoff: E-Sport und Serious Games. 2018, S. 5-8. [↩]

41. fonial GmbH: Geschichte des Internets. 2020. <https://www.fonial.de/wissen/begriff/geschichte-des-internets/> [13.08.2020].[↩]
42. Fidor Bank AG: Das Milliarden-Game. 2019. <https://www.fidor.de/blog/gaming#:~:text=2%2C2%20Milliarden%20Menschen%20weltweit,so%20das%20US%2DMarktforschungsunternehmen%20Newzoo.> [14.08.2020].[↩]
43. Marelić; Vukušić: E-sports. 2019, S. 47-54.[↩]
44. Egenfeldt-Nielsen: Overview of research on the educational use of video games. 2006, S. 184-213.[↩]
45. Egenfeldt-Nielsen; et al.: Understanding Video Games. 2020, S. 157-201.[↩]
46. Deeg: Gaming und Bibliotheken. 2014, S. 6.[↩]
47. Güllich; Krüger: Sport: Das Lehrbuch für das Sportstudium. 2013, S. 304-336.[↩]
48. Boisson: Die Welt des Homo ludens digitalis. 2015, S. 1-4. <http://www.deutsches-museum.de/fileadmin/Content/010_DM/060_Verlag/060_KuT/2015/1_15_Spiel/30-33Boisson_RZ.pdf> [15.08.2020].[↩]
49. Schöber: Bildschirm-Athleten. 2018, S. 26-30.[↩]
50. Eberle Consulting GmbH & Co. KG: eSport. <https://esport-gaming.com/esport/#:~:text=Am%20Ende%20der%201990er%20Jahre,Campus%20der%20Stanford%20University%20statt.> [20.08.2020].[↩]
51. Wagner: On the Scientific Relevance of eSports. 2006, S. 1-3. [↩]
52. IeSF: About Esports. 2020. https://www.ie-sf.org/e-sports/ [26.02.2020].[↩]
53. ESBD: Über den ESBD. 2020a. <https://esportbund.de/verband/ueber-den-esbd/> [20.02.2020].[↩]
54. ESBD: Was ist eSport?. 2020b. <https://esportbund.de/esport/was-ist-esport/> [20.02.2020].[↩]
55. Jang; Byon: Antecedents of esports gameplay intention. 2020, S. 3-4.[↩]
56. Streppelhoff: E-Sport und Serious Games. 2018, S. 5-8.[↩]
57. Schöber: Bildschirm-Athleten. 2018, S. 73-183.[↩]

58. Andrade; Qiang: eSports Guide. 2019, S. 4-11. <https://www.dropbox.com/s/wzzrg2uev4gs3si/eSports%20Guide.pdf?dl=0> [21.02.2021].[↩]
59. Newzoo: Global esports market report 2019. 2019, S. 6.[↩]
60. Schöber: Wie sich E-Sports als Breitensport etabliert haben. 2019, S. 1-2. <https://t3n.de/news/e-sports-breitensport-etabliert-1198808/> [11.08.2020].[↩]
61. Newzoo: Global esports market report 2019. 2019, S. 6.[↩]
62. fjmk: eSport ist Breitensport. 2020. <https://www.spieleratgeber-nrw.de/site.1467.de.1.html> [17.01.2021].[↩]
63. Pawlowski: Begriffsbildung und Definition. 1980, S. 9-27.[↩]
64. game: eSports wird zum Breitensport. 2018. <https://www.game.de/esports-wird-zum-breitensport/> [17.01.2021].[↩]
65. Balzer: Die Wissenschaft und ihre Methoden. 2009, S. 273-283.[↩]
66. Institut für Ludologie: eSports, Wettbewerbsorientierte Sportarten mit digitalen Spielen. 2020. <https://www.ludologie.de/spiele/esports/> [19.04.2020].[↩]
67. Walter: design akademie berlin. 2019, S. 1. <https://www.gaming-grounds.de/design-akademie-berlin-widerspricht-dosb-gutachten/> [04.04.2020].[↩]
68. DSHS Köln: Ist E-Sport wirklich ein Sport?. 2019. <https://fis.dshs-koeln.de/portal/de/clippings/ist-esport-wirklich-ein-sport(58a8037c-0192-42d0-b1ed-6d922004b011).html> [28.03.2020]. Sowie: Das Erste, W wie Wissen: Ist E-Sport wirklich ein Sport?. 2019, 00:01:57. <https://www.daserste.de/information/wissen-kultur/w-wie-wissen/videos/esport-video-100.html> [17.02.2021]. [↩]
69. Fischer: Rechtsfragen einer Anerkennung des e-Sports. 2019, S. 4-14. <https://cdn.dosb.de/user_upload/www.dosb.de/uber_uns/eSport/Gutachten_eSport.pdf> [26.04.2020].[↩]
70. Schiller; Berghahn: Über die ästhetische Erziehung des Menschen. 2000, S. 46.[↩]
71. Marelić; Vukušić: E-sports: Definition and social implications. 2019, S. 47-54.[↩]

72. Vik-Hansen: An argument for gaming (e-sports) as sports and athletics. 2020, S. 2-5. <https://www.academia.edu/41813700/An_argument_for_gaming_e_sports_as_sports_and_athletics> [21.02.2021].[↩]
73. Hale: Essence and definition by abstraction. 2018. <https://doi.org/10.1007/s11229-018-1726-7> [23.03.2021].[↩]
74. Pawlowski: Begriffsbildung und Definition. 1980, S. 9-27.[↩]
75. Hemphill: Cybersport. 2005, S. 195-207.[↩]
76. Lorber: eSport: Die Disziplinen. 2015. <https://spielkultur.ea.de/themen/gaming-und-communities/disziplinen-im-esport/> [20.06.2020].[↩]
77. VfB Fallersleben e.V.: Was ist Leichtathletik?. 2020. <http://www.vfb-fallersleben.de/abteilungen/leichtathletik/foxi/was-ist-leichtathletik/> [11.06.2020].[↩]
78. Glaser: Dota 2 und die Konvergenz von spielerischer Arbeit und effizientem Spiel. 2021. <https://www.paidia.de/dota-2-und-die-konvergenz-von-spielerischer-arbeit-und-effizientem-spiel-e-sport-paratextuelle-industrien-und-plattformisierung/> [14.03.2021].[↩]
79. Das Erste, W wie Wissen: Ist E-Sport wirklich ein Sport?. 2019, 00:01:57. <https://www.daserste.de/information/wissen-kultur/w-wie-wissen/videos/esport-video-100.html> [17.02.2021].[↩]
80. Bundesamt für Justiz: Abgabenordnung (AO). 2020. <https://www.gesetze-im-internet.de/ao_1977/__52.html> [26.06.2020].[↩]
81. DOSB: DOSB UND "ESPORT". 2018. <https://www.dosb.de/ueber-uns/esport/> [01.02.2020].[↩]
82. Fischer: Rechtsfragen einer Anerkennung des e-Sports. 2019, S. 4-14. <https://cdn.dosb.de/user_upload/www.dosb.de/uber_uns/eSport/Gutachten_eSport.pdf> [26.04.2020].[↩]
83. Fröhlich: DOSB-Gutachten: eSport ist kein Sport. 2019. <https://www.gameswirtschaft.de/sport/dosb-gutachten-esport-kein-sport/> [09.03.2021].[↩]

84. DOSB: DOSB und "eSport“ – kurz erklärt. 2020a, S. 7. <https://cdn.dosb.de/UEber_uns/eSport/Kurz_erklaert_DOSB_und_eSport.pdf> [20.08.2020].[↩]
85. Borggrefe: "Entwicklung des E-Sports in Deutschland". 2018, S. 4-6. <https://cdn.dosb.de/user_upload/www.dosb.de/uber_uns/eSport/stellungnahme-borggrefe-data.pdf> [10.03.2021]. [↩]
86. ISPO.com: Nur noch FC Bayern trägt Adidas. 2018. <https://www.ispo.com/unternehmen/das-sind-die-trikot-ausruester-der-bundesliga-saison-2018/19> [08.03.2021].[↩]
87. Sky: Sky kooperiert mit DAZN. 2018. <https://www.sky.de/hilfecenter/sport/sky-kooperiert-mit-dazn-in-sky-sportsbars-1001179> [21.07.2020].[↩]
88. DOSB: Mitgliedsorganisationen. 2020b. <https://www.dosb.de/ueber-uns/mitgliedsorganisationen/> [27.06.2020].[↩]
89. NFL: The history of the rules. 2020. <https://operations.nfl.com/the-rules/evolution-of-the-nfl-rules/> [17.08.2020].[↩]
90. DOSB: Spitzenverbände. 2020c. <https://www.dosb.de/ueber-uns/mitgliedsorganisationen/spitzenverbaende/?Spitzenverb%C3%A4nde=> [27.06.2020].[↩]
91. Miroff: Tiebreaker. 2018, S. 178-186.[↩]
92. Schöber: Bildschirm-Athleten. 2018, S. 270-276.[↩]
93. Stadtmann; Schöber: Fortnite: The business model pattern behind the scene. 2020, S. 439.[↩]
94. Walter, Jonas: design akademie berlin. 2019, S. 1. <https://www.gaming-grounds.de/design-akademie-berlin-widerspricht-dosb-gutachten/> [04.04.2020].[↩]
95. Digel: Modernes Training im Sport. 1990, S. 77.[↩]
96. Schöber; Junge: eSports Leitfaden 2020. 2020, S. 30-33. [↩]
97. Lorber: eSport: Die Disziplinen. 2015. <https://spielkultur.ea.de/themen/gaming-und-communities/disziplinen-im-esport/< [20.06.2020].[↩]
98. Popper: Die beiden Grundprobleme der Erkenntnistheorie. 1994, S. 366-385.[↩]
99. SPORT1: eSports. 2020. <https://www.sport1.de/esports> [20.08.2020].[↩]

100. kicker.de: ESPORT. 2020. <https://www.kicker.de/esport/startseite> [20.08.2020].[↩]
101. Milewski: Der Favoritencheck. 2020. <https://sportbild.bild.de/fifa/2020/e-sport/vbl-virtual-bundesliga-grand-final-favoriten-71471542.sport.html> [15.02.2021].[↩]
102. Popper: Die beiden Grundprobleme der Erkenntnistheorie. 1994, S. 366-385.[↩]
103. Bundesamt für Justiz: Abgabenordnung (AO). 2020. <https://www.gesetze-im-internet.de/ao_1977/__52.html> [26.06.2020].[↩]
104. Mittweg: eSport-Vereine. 2020. <https://www.kicker.de/766760/artikel> [26.06.2020].[↩]
105. dpa: Experten üben Kritik am E-Sport-Rechtsgutachten des DOSB. 2019. <https://www.zeit.de/news/2019-08/28/experten-ueben-kritik-am-e-sport-rechtsgutachten-des-dosb> [22.03.2021]. [↩]

Nachwort

Dieses Buch soll einen ersten Überblick über die wissenschaftliche Arbeit im E-Sport liefern. Insbesondere durch das Beispielpaper und die Einlassungen zu einer nachhaltigen und zuverlässigen Quellenarbeit sollte dies, so hoffe ich, gelungen sein.

Abschließen möchte ich dieses Buch mit einem Zitat:

"Es wird aber in den Wissenschaften auch zugleich dasjenige als Eigentum angesehen, was man auf Akademien überliefert erhalten und gelernt hat. Kommt nun einer, der etwas Neues bringt, das mit unserm Credo, das wir seit Jahren nachbeten und wiederum anderen überliefern, in Widerspruch steht und es wohl gar zu stürzen droht, so regt man alle Leidenschaften gegen ihn auf und sucht ihn auf alle Weise zu unterdrücken. Man sträubt sich dagegen, wie man nur kann; man tut, als höre man nicht, als verstände man nicht; man spricht darüber mit Geringschätzung, als wäre es gar nicht der Mühe wert, es nur anzusehen und zu untersuchen; und so kann eine neue Wahrheit lange warten, bis sie sich Bahn macht."
Johann Wolfgang von Goethe

Übersicht Qualifikation Timo Schöber

Viele werden sich fragen, was mich qualifiziert, dieses Buch zu schreiben und diese Tipps zu geben, daher im Folgenden eine Übersicht (Stand März 2023, seither ist allerdings noch einiges hinzugekommen, etwa die Bücher Hochschulmodul zum E-Sport, E-Sport & Gesellschaft, Colección E-Sport, E-Sport Collection und E-Sport Collection (Chinese Edition)).

Verzeichnis der Publikationen und Vorträge, sowie weiterer Aktivitäten

Dr. Timo Schöber
Stand März 2023

Kumulative Dissertation

1. Essays on gaming and e-sports. Inauguraldissertation, Europa-Universität Viadrina, 2022. Benotung: summa cum laude, September 2022.

Working Paper

2. Survival of professional CS:GO teams: What matters? A Research Note (mit G. Stadtmann

und P. Parshakov), Viadrina Discussion Paper Series 425, 2021. https://www.wiwi.europa-uni.de/de/forschung/publikationen-projekte/dp/_dokumente/425_Schoeber_Stadtmann_Parshakov.pdf.

Referierte Zeitschriften

3. The dark side of e-sports – An analysis of cheating, doping & match-fixing activities and their countermeasures (mit G. Stadtmann), International Journal of Esports, 2022.

4. Definitionen und Diskussion: Sport, Gaming und E-Sport. Paidia - Zeitschrift für Computerspielforschung, 2021.

5. Fortnite: The Business Model Pattern Behind the Scene (mit G. Stadtmann). Die Unternehmung, Vol. 74(4), 2020, 426-444.

6. Law of one price: BigMac versus Fortnite - A Note (mit C. Pierdzioch und G. Stadtmann). Economics Bulletin, Vol. 40(4), 2020, 3338-3348.

7. Product differentiation in video games: A closer look at Fortnite's success (mit K.-H. Moritz und G. Stadtmann). ISM Research Journal, Vol. 1 (2), 2020, 43-57.

8. Price differentiation in video games: A closer look at the free-to-play segment (mit K.-H. Moritz und G. Stadtmann). The IUP Journal of Business Strategy, Vol. XVII(2), 2020, 34-43.

Lehrorientierte Zeitschriften

9. Dynamische Arbeitsmarktprozesse (mit C. Pierdzioch und G. Stadtmann), Das Wirtschaftsstudium (WiSu), 2023.

10. Dark Patterns - Geschäftsmodellmuster in Videospielen (mit G. Stadtmann) WiSt – Wirtschaftswissenschaftliches Studium, Philipps-Universität Marburg, 2023.

11. Staffelung von Preisgeldern – Das Modell Lazear/Rosen (mit C. Pierdzioch und G. Stadtmann), Das Wirtschaftsstudium (WiSu), 2022.

12. Tullock-Wettbewerbe (mit C. Pierdzioch und G. Stadtmann), Das Wirtschaftsstudium (WiSu), Vol. 51(4), 2022, 437-444.

13. Das Geschäftsmodell von Fortnite und juristische Schritte in den USA (mit G. Stadtmann), Sportrecht und E-Sportrecht in der Praxis (SpoPrax) Vol. 1(11), 2021, 342-346.

14. Der (adjustierte) Big-Mac-Index (mit C.

Croonenbroeck und G. Stadtmann), Das Wirtschaftsstudium (WiSu), Vol. 49(4), 2020, 428-433.

Lehrbücher

15. Introduction to E-Sports Management (mit J. Black-Branch), Studienheft respektive Lehrbuch für die Internationale Hochschule Erfurt, 2023.

16. E-Sport: Einführung, Grundlagen und Ökosystem (mit A. Bergmann). Studienheft respektive Lehrbuch für die Europäische Fernhochschule Hamburg (Euro-FH), 2022.

Wissenschaftliche Buchbeiträge

17. Im Erscheinen: Dark Patterns: Geschäftsmodellmuster im Gaming und daraus resultierende Gefahren (mit G. Stadtmann), Spielforschung - Einführung in die Ludologie, Handbuch für Wissenschaft und Praxis, Nomos Verlag, 2024.

18. Im Erscheinen: E-Sport: Übersicht, Medien und Öffentlichkeit (mit T. Horky). Handbuch Games Journalismus. Grundlagen – Themen – Spannungsfelder, Springer Nature, 2023.

19. Mass Sport and Its Role in Germany. eSports Yearbook 2019/2020, 2020, 38-40.

Weitere Beiträge zur Wissenschaft

20. Entwicklung, Evaluierung und Implementierung eines Bewerbermanagementsystems und Tools der E-Rekrutierung. Diplomarbeit aus dem Jahr 2010. Tredition, 2022.

21. Potenzialanalyse (Gutachten) zum E-Sport in der internationalen Entwicklungszusammenarbeit. Deutsche Gesellschaft für Internationale Zusammenarbeit (GIZ) GmbH, zur Beratung des Bundesministeriums für wirtschaftliche Zusammenarbeit und Entwicklung, 2021.

22. Employer branding in the world of digitalization - New business models for recruiting companies, 2012.

23. Auswirkungen atypischer Beschäftigungsverhältnisse auf regionale Handwerksbetriebe (H. Heybrock und R. Kreuzhof). Studien zum Personalmanagement im Handwerk, Nr. 3, Fachhochschule Flensburg, 2009. https://www.esa-sh.de/downloads/studien_pih_3.pdf.

Praxisorientierte Beiträge mit wissenschaftlicher Basis

24. Klagen gegen Epic Games wegen Geldillusion und Suchtpotential in Fortnite (mit J. Junge). Institut für Ludologie an der SRH Berlin University of Applied Sciences, 2023. https://www.ludologie.de/blog/artikel/news/klagen-gegen-epic-games-wegen-geldillusion-und-suchtpotential-in-fortnite/.

25. Computerspiele und Politik: Machtinstrument, Propaganda und Ideologien (mit J. Junge). Institut für Ludologie an der SRH Berlin University of Applied Sciences, 2022. https://www.ludologie.de/blog/artikel/news/computerspiele-und-politik-machtinstrument-propaganda-und-ideolgien/.

26. Fortnite und sein Geschäftsmodell: Klage in den USA. Institut für Ludologie an der SRH Berlin University of Applied Sciences, 2021. https://www.ludologie.de/blog/artikel/news/fortnite-und-sein-geschaeftsmodell-klage-in-den-usa/.

27. Der unverstandene Sport – e-Sports und die deutsche Politik. GAIN Magazin, #12, 2020, 82-89.

28. Contextualizing the Esports stand of the DOSB (German Olympic Sports Association). Esports Research Network, 2020.

29. Förderung des Breitensports. Die Sechzger,

Mitgliedsmagazin des TSV 1860 München, 3/19, 2019.

Monographien in regulären, renommierten Verlagen

30. Marketing im E-Sport: Das 4C Framework und Optionen zur Vermarktung in der Welt des elektronischen Sports (mit S. Klose). Meyer & Meyer, 2023.

31. E-Sport Radar 2 (mit P. Ebben). Meyer & Meyer, 2023.

32. Breitensport im E-Sport: Entwicklungen, Strukturen und Aussichten (mit O. Daum, et al.). Meyer & Meyer, 2022.

33. E-Sport und Journalismus: Presse, Medien und Recherche in der Welt des elektronischen Sports (mit J. Walter). Meyer & Meyer, 2022.

34. E-Sport Radar: Einführung, Grundlagen, Daten und Fakten 2021 (mit A. Ottowitz). Meyer & Meyer, 2021.

35. Zero2Hero: Der Weg zum E-Sport Profi (mit A. Schaetzke). HEEL Verlag, 2021.

36. E-Sport auf Landesebene: Blaupause und Erfahrungswerte (mit F. Simoneit, et al.). Meyer & Meyer, 2021.

37. Esportpedia: Athleten im E-Sport (mit A. Schaetzke). Meyer & Meyer, 2021.

Monographien in regulären Kleinverlagen, da Kleinverlag Angabe der wissenschaftlichen Verbreitung

38. eSports Mosaik 3: Einführung in die vielfältigen Aspekte des eSports - Der Einführung dritter Teil (mit J. Junge). Flying Kiwi Media, 2022. Gemäß WorldCat in 4+ wissenschaftlichen Bibliotheken vorrätig. Gemäß KIT im DACH-Raum in 5+ wissenschaftlichen Bibliotheken vorrätig.

39. eSports Library: Anthology of guest articles. Flying Kiwi Media, 2021. Gemäß WorldCat in 1+ wissenschaftlichen Bibliotheken vorrätig. Gemäß KIT im DACH-Raum in 1+ wissenschaftlichen Bibliotheken vorrätig.

40. eSports Mosaik 2: Einführung in die vielfältigen Aspekte des eSports - zweiter Teil (mit J. Junge). Flying Kiwi Media, 2021. Gemäß WorldCat in 4+ wissenschaftlichen Bibliotheken vorrätig. Gemäß KIT im DACH-Raum in 5+ wissenschaftlichen Bibliotheken vorrätig.

41. eSports in Gesellschaft und Politik. Flying Kiwi Media, 2020. Gemäß WorldCat in 7+ wissenschaftlichen Bibliotheken vorrätig. Gemäß KIT im DACH-Raum in 8+ wissenschaftlichen Bibliotheken vorrätig.

42. eSports Leitfaden 2020: Grundlagenwissen für jedermann. Flying Kiwi Media, 2020. Gemäß WorldCat in 7+ wissenschaftlichen Bibliotheken vorrätig. Gemäß KIT im DACH-Raum in 9+ wissenschaftlichen Bibliotheken vorrätig.

43. eSports Mosaik: Einführung in die vielfältigen Aspekte des eSports (mit J. Junge). Flying Kiwi Media, 2020. Gemäß WorldCat in 13+ wissenschaftlichen Bibliotheken vorrätig. Gemäß KIT im DACH-Raum in 12+ wissenschaftlichen Bibliotheken vorrätig.

Monographien (Auszug) im Selfpublishing, da Selfpublishing Angabe der wissenschaftlichen Verbreitung

44. E-Sport Sammlung 2.0: Mosaik-Komplettedition. Tredition, 2022.

45. E-Sport Sammlung: Mosaik-Komplettedition. Tredition, 2022. Gemäß WorldCat in 13+ wissenschaftlichen Bibliotheken vorrätig. Gemäß KIT im DACH-Raum in 2+ wissenschaftlichen Bibliotheken vorrätig.

46. Die Verneinung der Welt: Vom Streben nach Indolenz. Tredition, 2022. Gemäß WorldCat in 15+ wissenschaftlichen Bibliotheken vorrätig. Gemäß KIT im DACH-Raum in 2+ wissenschaftlichen Bibliotheken vorrätig.

47. Geblogtes Wissen: Sammlung von Beiträgen: Gott, Politik, Philosophie und mehr. BoD, 2020.

48. Matthaeus 6:19-21: Vom Loslassen und Askese. BoD, 2019.

49. Bildschirm-Athleten: Das Phänomen e-Sports. BoD, 2018. Gemäß WorldCat in 15+ wissenschaftlichen Bibliotheken vorrätig. Gemäß KIT im DACH-Raum in 12+ wissenschaftlichen Bibliotheken vorrätig.

50. Das hypothetische Weltgericht im Jetzt: Eine Betrachtung der Gegenwart aus theologischer Sicht. BoD, 2017.

51. Himmlisch kleiner Schein: Lyrische Werke eines umtriebigen Denkers. BoD, 2017. Gemäß WorldCat in 1+ wissenschaftlichen Bibliotheken vorrätig.

52. Gedanken eines Rastlosen: Vom Streben nach geglaubtem Wissen. BoD, 2010.

Herausgeberschaft

53. Im Erscheinen: Strukturen und Facilities: Infrastruktur, Stakeholder, Ausstattung und Räumlichkeiten im elektronischen Sport (mit L. Felgendreher, et al.), Meyer & Meyer, 2024.

Gastbeiträge und sonstige Veröffentlichungen (Auszug)

54. E-Sport und Nachwuchsförderung: So schafft ihr den Einstieg in die Szene. t3n, 2022.

55. Kritik am Saudi-Deal: Der Ausverkauf der E-Sport-Seele. Gaming-Grounds.de, 2022.

56. E-Sport auf Landesebene: Blaupause und bundesweite Referenz Schleswig-Holstein. Gaming-Grounds.de, 2022.

57. Employer-Branding: Wie dein Unternehmen Nachwuchs über den E-Sport erreicht. t3n, 2021, zusätzlich erschienen bei MSN.

58. E-Sport und Personalgewinnung: Chancen und Potenziale, Berufsorientierung. esport-schulliga.at, 2021.

59. E-Sport – Der überzeichnete Markt. Gaming-Grounds.de, 2021.

60. E-Sport und Corona: Welche Chancen bietet der elektronische Sport?. Gaming-Grounds.de, 2020.

61. Kann man E-Sport studieren? Das solltet ihr unbedingt beachten. t3n, 2020.

62. Gesinnungskultur im deutschen E-Sport. Gaming-

Grounds.de, 2020.

63. Elo und E-Sport: Was nicht passt, wird passend gemacht?. Gaming-Grounds.de, 2020.

64. Rassismus als Geschwür der Gesellschaft und seine Rolle im E-Sport. Gaming-Grounds.de, 2020.

65. Die Einheit des E-Sports – Wert und Risikolage. Gaming-Grounds.de, 2020.

66. Die Unprofessionalität des E-Sports. Gaming-Grounds.de, 2020.

67. E-Sport: Das Missverständnis von Breitensport und Regionalität. Gaming-Grounds.de, 2020.

68. Baustelle deutscher E-Sport – eine Problemanalyse. Gaming-Grounds.de, 2020.

69. Was E-Sport und traditioneller Sport voneinander lernen können. Gaming-Grounds.de, 2020.

70. E-Sport und Sprache – Chancen und Probleme. Gaming-Grounds.de, 2020.

71. Intrinsische Motivation: Breiten-E-Sport und Nutzen für Unternehmen. Gaming-Grounds.de, 2020.

72. Wie passen Religion und Philosophie in den E-Sport?. pro Medienmagazin, 2020, zusätzlich als ausführlichere Version erschienen bei Gaming-Grounds.de.

73. E-Sport und intrinsische Motivation: Das macht uns stark!. Gaming-Grounds.de, 2020.

74. Die USK als Nachteil für den deutschen E-Sport? Gaming-Grounds.de, 2020.

75. Der eSport-Bund Deutschland (ESBD) – Ein Neuanfang. Gaming-Grounds.de, 2020.

76. Esport im Norden: FIFA-Landesmeisterschaft Schleswig-Holstein. Gaming-Grounds.de, 2020.

77. Blick gen Norden: E-Sport Leuchtturm Schleswig-Holstein?. Gaming-Grounds.de, 2020.

78. E-Sport und Gemeinnützigkeit: Vom Scheitern der Politik. Mein MMO, 2020.

79. Schleswig-Holsteinischer E-Sport Verband (SHEV) wird konkreter. Gaming-Grounds.de, 2020.

80. Die Geschichte des modernen eSports – Wann hat alles angefangen?. Mein MMO, 2020.

81. Esports Evolution: Ein junger Sport, aber weniger jung als häufig angenommen. LinkedIn,

2020.

82. Die Davids des e-Sports – kleine Titel ganz groß. Gaming-Grounds.de, 2019.

83. E-Sport: Strukturen, Verbände, Politik und Anerkennung als Sport. Gaming-Grounds.de, 2019.

84. Schweden – Der eSport Leitwolf Europas. Gaming-Grounds.de, 2019.

85. Totgesagte leben länger – das RTS-Genre. Gaming-Grounds.de, 2019.

86. Die Gaming-Szene als Sündenbock – Wieder einmal. Gaming-Grounds.de, 2019.

87. Wie sich E-Sports als Breitensport etabliert haben. t3n, 2019.

88. Der Alltag eines Engagierten im Bereich e-Sports. Gaming-Grounds.de, 2019.

89. Verquere Diskussionen: e-Sports Förderung, ja oder nein?. Gaming-Grounds.de, 2019.

90. Gaming und E-Sports am Pranger – von Vorurteilen und Stereotypen. t3n, 2019.

91. Ein sehr deutsches Problem – Bürokratie und e-

Sports. Gaming-Grounds.de, 2019.

92. Ein Plädoyer für Vereinsheime und Landeszentren im e-Sports. Gaming-Grounds.de, 2019.

93. Deutschland und der falsche Fokus: Fußballsimulationen als Referenz. Gaming-Grounds.de, 2019.

94. Das muss passieren, damit e-Sports offiziell zum „echten Sport“ wird. Mein MMO, 2019.

95. Über die Wichtigkeit der eSport-Forschung. Gaming-Grounds.de, 2019.

96. Der Breitensport als eSports-Fundament. Gaming-Grounds.de, 2019.

97. Systemfehler – e-Sports in der Politikspirale. Gaming-Grounds.de, 2019.

98. Deutscher e-Sports – Deutlich älter als gedacht. Gaming-Grounds.de, 2019.

99. Südkorea: Wegbereiter und Weltmarktführer im eSports. esports.com, 2019.

100. Chancen, Nutzen und Risiken von Verbänden im e-Sports. Gaming-Grounds.de, 2019.

101. Gamescom 2019: Vorbild für ein friedliches Miteinander. spielen.de, 2019.

102. Falsche Entscheidungen bei der Wahl von Geschäftsmodellen und die Folgen für den E-Sports
am Beispiel Pay-TV. escene, 2019.

103. China und e-Sports: Vom Underdog zum Weltstar. spielen.de, 2019.

104. Angekommen: Aktuelle Entwicklungen im e-Sports. spielen.de, 2019.

105. E-Sports und Forschung: Status Quo, Chancen und Potenziale. escene, 2019.

106. eSport Leuchtturm Schleswig-Holstein. eSport-Portal, 2019.

Vorträge (Auszug)

E-Sport & HR (mit F. Simoneit). Besuch der Wirtschaftsjunioren Flensburg bei lvlup!HR, 2023.

Vorstellung E-Sport & HR bei der Staatskanzlei Schleswig-Holstein (mit F. Simoneit), 2023.

Fachkräftegewinnung: eSport und Gaming sind die interaktiven Medien der Jugend (mit F. Simoneit). Businesstag im Rahmen der GAMEVENTION

2022, Schleswig-Holstein, Ministerium für Wirtschaft, Verkehr, Arbeit, Technologie und Tourismus, und andere, Neumünster, 2022.

Grundlagen – Sportdebatte – Ökosystem. GAMEVENTION 2022, Neumünster, 2022.

Bildschirm-Athleten wanted. eSPORT & GAMING.FORUM, ESB Marketing Netzwerk, St. Gallen (Remote), 2022.

Fortnite: The Business Model Pattern Behind the Scene. Digitale Tagung zum 100-jährigen Jubiläum des Verbands für Hochschullehrerinnen und Hochschullehrer für Betriebswirtschaft, Remote, 2022.

The Business Model of Fortnite und Definitionen zu E-Sport, Sport und Gaming. Esports Research Network, Remote, 2022.

Überblick Berufsbild Autor, Herausgeber, Forscher/Wissenschaftler. E-Sport Job Sessions, opencampus.sh, Remote, 2022.

Vorstellung des Start-Ups lvlup!HR (mit F. Simoneit, N. Wichert und S. Fehlhaber), Ideenwettbewerb Schleswig-Holstein 21/22, Gewinn des silbernen Preises, 2022.

Gesamtschau E-Sport. Hochschulgruppe Flensburg United, Flensburg, 2021.

Einstieg E-Sport-Ökosystem. E-Sport Job Sessions, opencampus.sh, Remote, 2021.

Sportdiskussion zum E-Sport (Workshop). PARITÄTISCHER Wohlfahrtsverband Schleswig-Holstein
e.V., Remote.

E-Sport als Breitensport. E-Sport Stammtisch des IFgameSH e.V., Kiel (Remote), 2020.

Esportpedia. Flensburger Stammtisch der Spieleentwickler, Flensburg, 2020.

Fortnite: The Business Model Pattern Behind the Scene. Gaming & Esports Summit 2020,
Frankfurt/Oder (Remote), 2020.

Schreiben im E-Sport und Esportpedia. #DIGI1, Hamburg (Remote), 2020.

E-Sport im Verein. Digitale Woche Kiel, Kiel (Remote), 2020.

Forschung im E-Sport. E-Sport Stammtisch des IFgameSH e.V., Kiel (Remote), 2020.

E-Sport. Waterkant Festival, Kiel (Remote), 2020.

E-Sport und Employer Branding. "Vernetzt Hoch im Norden", Norderstedt, 2020.

Esportpedia. E-Sport Stammtisch des IFgameSH e.V., Kiel, 2019.

E-Sport im Allgemeinen. Tag der offenen Tür der Stadtwerke Flensburg GmbH, Flensburg, 2019.

Diverse Vorträge zum Thema E-Sport bei politischen Parteien, seit 2019.

Einladungen zu Podcasts, Interviews und Vergleichbarem; Weitere öffentliche Auftritte (Auszug)

Im Erscheinen: “Lohnt sich das?”, Format des Bayerischen Rundfunks, Begleitung bei einem Arbeitstag bei der Stadtwerke Flensburg GmbH als HR Business Partner, ergänzend Besuch u.a. der Kirche St. Nikolai, 2023.

aimTalk #047 - Pause, Danke, Abschluss, 2023.

aimTalk #046 - Fortnite, Geschäftsmodelle, Epic Games, 2023.

"Fortnite"-Entwickler muss Rekordstrafe zahlen, Fernsehbeitrag beim NDR, ergänzend Internetbeitrag beim NDR, 2022.

Experten halten Klagen gegen Epic Games für gerechtfertigt, GamesWirtschaft, 2022.

Experte für das HR White Paper "How to play & recruit. Gaming & E-Sports als Recruiting-Kanal." von Territory Embrace, 2022.

aimTalk #045 - Spezialfolge: Pläne, Pause und Aussichten bei aimTalk, 2022.

Statement zur Games-Förderung, Instagram-Kanal der Jungen Union Deutschlands, 2022.

Gefährdet der ESL-Verkauf an Saudi-Unternehmen die Vielfalt im eSport?. Kicker, 2022.

Virtuelle Gegenstände in Computerspielen - Recht, Ökonomie, Jugendschutz. Forschungsstelle für eSport-Recht, 2022.

E-Sport: zukunftsorientiert & digital. Brain Bites, 2022.

kicker eSport Talk: Nachwuchsarbeit im eSport - zwischen Welpenschutz und Leistungsdruck. Kicker, 2022.

Saudi-Arabien plötzlich eSport begeistert?. Medien Mittweida, 2022.

E-Sport: So profitieren Handwerker vom Gaming-Trend. Deutsche Handwerks Zeitung, 2022.

aimTalk - #038 Werdegang, neue Projekte, Entwicklung des E-Sports. aimTalk, 2022.

Folge#60 mit Timo Schöber und Frodo: „Mit eSports in den richtigen Job!“. Game Faces powered by Blue Archiv, 2021.

aimTalk – #34 Spezialfolge: Jahresrückblick, Worte zu jeder Folge, Ausblick und Neuausrichtung (mit P. Ebben). aimTalk, 2021.

Folge#58 mit Timo Schöber und Frodo: „Spiele und die Wissenschaft!“. Game Faces powered by Blue Archiv, 2021.

Folge#56 mit Timo Schöber & Frodo: „Heterogen und weltoffen: Das macht eSports aus!“. Game Faces powered by Blue Archiv, 2021.

Vom Spieler zum Gründer – Viadrina-Doktorand Timo Schöber für E-Sport-Start-up ausgezeichnet. Europa-Universität Viadrina, 2021.

aimTalk – #27 Spezialfolge: Erster Geburtstag, 1 Jahr aimTalk (mit P. Ebben). aimTalk, 2021.

Start der gamescom digital, Interview beim Radio Schleswig-Holstein, 2021.

Streitgespräch: Ist E-Sport Sport?. e-sportrecht.de, 2021.

Ist E-Sport nur eine Blase, die bald platzt? Die größten Probleme analysiert. Mein MMO, 2021.

TIMO SCHÖBER zu E-SPORTS im EMPLOYER BRANDING. SAATKORN, 2021.

Warum E-Sport für Olympia eine Chance ist. N-tv, 2021.

Im Interview mit eSport-Experte Timo Schöber. Fokks, 2020.

aimTalk – #009 Jahresrückblick! (mit P. Ebben). aimTalk, 2020.

FIFA Landesmeisterschaft Schleswig-Holstein, Einordnung des E-Sports. NDR, Husum, 2020.

FIFA Landesmeisterschaft Schleswig-Holstein, Einordnung des E-Sports. RTL, Husum, 2020.

dpa-Meldung: Experten üben Kritik am E-Sport-Rechtsgutachten des DOSB, 2019.

E-Sport und Vereine. Spielen.de, Flensburg, 2019.

E-Sport im Allgemeinen. Flensburg Avis, Flensburg, 2019.

E-Sport im Allgemeinen. Pointer, Hamburg, 2019.

Diverse Interviews und Gespräche mit Radiosendern, insbesondere R.SH, NDR 1 und Deutschlandfunk Nova.

Diverse Interviews mit Studenten im Zuge von Abschlussarbeiten.

Lehre

Leiter der Bereiche HR und Gameful Design beim Institut für Ludologie

Leiter des Bereichs E-Sport beim Institut für Ludologie.

Leiter Esportionary (Denkfabrik).

Dozent an der Europa-Universität Viadrina, Wirtschaftstheorie, wissenschaftliche Paper.

Dozent an der Hochschule der Medien, Stuttgart, Vertiefung Sportkommunikation – Entwicklung des E-Sport-Moduls. Zweitgutachter Masterthesis.

Dozent, freier wissenschaftlicher Mitarbeiter und Berater, Institut für Ludologie.

Dozent an der Fachhochschule Westküste.

Dozent an der SRH University Berlin (bis 12/2020).

Reviewer-Erfahrung (Journals)

Research Journal for Applied Management, 2022.

Human Behavior and Emerging Technologies, 2021.

Sonstiges (Auszug)

Gründer sowie akademischer und schriftstellerischer Leiter der Esportpedia, der ersten analogen E-Sport-Enzyklopädie der Welt, die seit 2021 beim Meyer & Meyer Verlag erscheint.

Gründer und Leiter des ersten Think Tanks zum E-Sport im deutschsprachigen Raum, Esportionary.

Mentor bei Mentor Lane (bis 07/2022).

Beirat der GAMEVENTION 2022, 02/2022 - 07/2022.

Wissenschaftlicher Beirat, E-Sport-Verband Schleswig-Holstein (EVSH), 06/2021 - 12/2021.

Wissenschaftlicher Berater, PENTA, 01/2020 - 06/2021.

Klicken, zocken, glauben. Dreiseitiges Portrait zu meiner Person im pro Medienmagazin, 01/2021.

Teil des Organisationsteams der Konferenz „Gaming & Esports Summit - Economics & Business Conference Sept. 25/26, 2020“, Europa-Universität Viadrina.

Teil des Organisationsteams der Nordish Gaming Convention (NGC) 2019.

Teil des Planungs- und Kompetenzteams für das E-Sport Landeszentrum SH (05/2019 - 10/2019).

Co-Koordinator für Cinema Loves Esports (CLE) 2019 in Schleswig-Holstein.

Begleitung der Konzeption der "eSports-Academy" an der Fachhochschule Westküste.

PR-Arbeit für u.a. Skillshot Consulting (bis 2023), ADEPT, eSports Nord (je bis 2022), EVSH (bis 2021).

Zeitweise Pressesprecher des Instituts für Ludologie.